图说人文中国

主编 范子烨

天地清风

图说清代

王志强 撰

商务印书馆
创于1897
The Commercial Press

2017年·北京

图书在版编目(CIP)数据

天地清风:图说清代/王志强撰.—北京:商务印书馆,2017

(图说人文中国)

ISBN 978-7-100-15558-8

I.①天… II.①王… III.①文化史—中国—清代—图集 IV.①K249.03-64

中国版本图书馆CIP数据核字(2017)第296419号

权利保留,侵权必究。

天地清风——图说清代

王志强 撰

商 务 印 书 馆 出 版
(北京王府井大街36号 邮政编码100710)
商 务 印 书 馆 发 行
北京新华印刷有限公司印刷
ISBN 978-7-100-15558-8

2017年12月第1版　开本 787×1092　1/16
2017年12月北京第1次印刷　印张 14
定价:52.00元

目录

导　读 / 001

制度篇
族与国：八旗制度 / 014
康熙皇帝与"御门听政" / 018
军机处与秘密政治 / 022
奏折制度与清朝政治 / 025
密建皇储：清朝皇位继承制度 / 029

人物篇
"皇父摄政王"多尔衮 / 036
"十全老人"、太上皇乾隆 / 040
"和珅跌倒，嘉庆吃饱"：嘉庆皇帝与和珅 / 047

政治篇
天子巡狩：康熙、乾隆的南巡 / 054
"肄武绥藩"：木兰秋狝 / 058
嗣位？篡位？雍正皇帝继位之谜 / 064

军事篇
南京的抵抗与投降 / 070
平定三藩之乱 / 074
平定准噶尔、回部叛乱 / 078
驱廓保藏：两次平定廓尔喀之役 / 086

经济篇

"一夫不耕或受之饥":清代的农业 / 094

"一女不织或受之寒":清代的纺织业 / 102

瓷器的黄金时代:清代的制瓷业 / 108

"人间都会最繁华":清代的苏州城 / 115

社会生活篇

男娶女嫁:清代社会婚姻制度与观念 / 120

"古稀白发会琼筵":清朝宫廷的四次千叟宴 / 126

美丽的邪恶之花:鸦片吸食与清代社会 / 131

边疆民族篇

土尔扈特东归 / 138

"金瓶掣签"与西藏政治 / 145

台湾的统一及政治统治 / 152

对外关系篇

贡品抑或礼物:英国马嘎尔尼使团访华 / 158

泛海逐波:蜚声中外的清代外销瓷 / 163

从"万国来朝"到闭关锁国 / 168

文化艺术篇

稽古右文:清廷的编书活动 / 176

流派纷呈的绘画艺术 / 181

不断求变的书法艺术 / 197

异彩纷呈的戏曲艺术 / 203

文言小说的集大成时代 / 208

结　语　/ 213

导读

明朝末期，历经二百余年的明王朝渐次步入"王朝周期律"的衰亡之期，朱氏王朝面临着前所未有的挑战。万历初期，在张居正的辅佐之下，国家开始出现中兴的气象，然而日渐成年的万历皇帝对张居正的高傲偏恣日益不满。万历十年（1582），张居正病故，万历皇帝谕令褫夺其官爵，籍没家产，开始独掌朝政。摆脱了张居正的辅政，年轻的万历皇帝开始怠政，挥霍内帑，盘剥工商，与民争利，逐步将明帝国带入历史的深渊。故后人有所谓"明之亡，名亡于崇祯，实亡于万历"之论。

与此同时，僻居东北一隅的女真各部在努尔哈赤的统战之下，逐步形成局部统一之势，日渐成为明帝国的巨大忧患。万历十一年（1583），明廷命努尔哈赤为建州左卫（今辽宁新宾）都指挥使。同年，他以祖、父"遗甲十三副"起兵，对建州女真各部采用"恩威并行""顺者以德服，逆者以兵临"的战略方针，展开了历时十年的兼并战争，最终统一建州各部。此后二十年间，努尔哈赤展开对女真诸部的统一，并创建了此后成为清朝立国之本的八旗制度，创制了满语，为创建国家做准备。万历四十四年（1616），努尔哈赤在赫图阿拉（今辽宁新宾）建立"大金"国（史称"后金"），自立为汗，建元天命。天命三年（明万历四十六年，1618）四月，努尔哈赤以"七大恨"告天，誓师起兵反明。萨尔浒之战，明军溃不成军，八旗大军势如破竹，相继攻克沈阳、辽阳等地七十余城，明军全线退守。

明万历四十八年（1620）九月初一日，即皇帝位刚及一月的泰昌皇帝朱常洛突然崩逝（朱常洛崩逝前两天，鸿胪寺丞李可灼进"红丸"，服用后病危，酿成所谓"红丸案"）。五天后，皇长子朱由校即皇帝位，是为天启皇帝。在位七年间，年轻的天启皇帝无力国政，专恃于"倡优声伎，狗马射猎"，朝政渐次落于阉党魏忠贤手中（魏自称"九千九百岁"）。时朝中党派林立，党争迭起的状况愈演愈烈，以政治改革派活跃于政治舞台的东林党人与阉党之间展开较量。"乙丑诏狱""丙寅诏狱"……东林党人最终被排挤出了权力圈。与此同时，国内矛盾不断激化，民变四起，而辽东来自后金的威胁不断加剧，八旗军经常滋扰抢掠边境，绕过山海关长途奔袭北京，并将兵刃转向明朝的藩属朝鲜国，这让明帝国陷入更大的危机当中。

明天启七年（1627）八月，天启皇帝病逝，遗诏以信王朱由检即位。面对危机四伏的帝国，崇祯皇帝锐意改革，清除阉党、整顿吏治、重用东林党人……欲力挽狂澜，拯救明王朝。然积弊太重，急于求成的崇祯皇帝不知不觉中陷入政治斗争的旋涡。这种无力感导致其屡铸大错，挫败感时时困扰着他。与此同时，以李自成、张献忠为代表的民变此起彼伏，不数年间便席卷大明王朝境内；北部蒙古与后金或以姻亲联合，或以"复仇"为共同的政治口号，不断出兵滋扰明朝北部边境，明王朝陷入巨大的内忧外患之境。

天命十一年（明天启六年，1626），努尔哈赤病逝。努尔哈赤第八子皇太极夺得汗位。在接下来的十年间，皇太极秉承其父遗志，西联游离于大明政权外之蒙古，东讨明朝藩属之朝鲜，完成满洲建国的内外部环境。明崇祯九年（1636），天聪汗皇太极改国号为"大清"，改元崇德，正式与明王朝形成相抗衡的政治势力。皇太极继承其父努尔哈赤的天命思想，宣扬"以我为是，以明为非"的政治口号，动员满蒙各部参与对明王朝的战争。

明崇祯十七年（1644）正月，李自成建立大顺政权，年号永昌，形成明、清之外的第三极政治势力。同年三月十八日，李自成率领乡野之民攻入北京城，问鼎紫禁城，大明王朝以亡国之君崇祯自缢煤山（今景山）而分崩离析。四月，多尔衮率满、蒙、汉八旗与明总兵吴三桂合兵，在山海关内一举击败李自成，农民军撤出北京，转战河南、陕西一带。随后满洲人打出"为尔等君父报仇"的幌子，进入梦寐以求的山海关内，并以势如破竹之势席卷整个华北之境。六月，多尔衮迎顺治皇帝车驾迁都北京，正式"定鼎燕京"。十月初一日，年幼的顺治皇帝临御在皇极门（即太和门）颁诏天下，举行登极典礼，以和硕睿亲王多尔衮为"叔父摄政王"，统摄朝政。由此，这个由僻居东北一隅的满洲入主中原建立的王朝，成为中华统绪中最后一个王朝。此时，摆在清朝统治者面前的是各地汉族地主武装，李自成大顺军、张献忠大西军等农民起义军，还有明宗室建立的南明弘光政权。于是，统一全国、建立统一王朝成为满洲统治者最为重要的政治议题。在多尔衮、多铎等人的筹划下，一场由北向南的统一战争徐徐拉开了帷幕。

顺治二年（1645），在八旗兵和绿营军精锐部队的进攻中，李自成部从陕西败退湖北，李自成在通山九宫山被当地武装杀害。清军挥师南下，南明军队节节溃退，弘光政权岌岌可危。史可法坚守扬州屡次拒降，最终因孤城无援而被清军破城，史可法被害，清军大肆屠城，酿成"扬州十日"。得扬州城，南京城门户大开，清军在多铎的率领下未几便兵临南京城下，弘光帝朱由崧落荒而逃，守将将领、文武百官决计率众出城投降。毫无疑问，在统一战争中，多尔衮的功勋无可匹敌；在摄政过程中实行"参金酌汉"的战略，创建起各项政治制度。同时，多尔衮也逐步走向人生权力的巅峰，其封号由"叔父摄政王"到"皇叔父摄政王"，再到"皇父摄政王"。正所谓"天有不测风云，人有旦夕祸福"，正当位极人臣的"皇父摄政王"多尔衮享受君临天下的荣耀之时，却不料于顺治七年（1650）十二月在塞北狩猎时病逝喀喇城（今河北承德境内）。

顺治八年（1651）正月，顺治皇帝福临亲政。接着，顺治皇帝开始了对多尔衮的一系列清算措施：收摄政王信符贮藏内库；褫夺摄政王母妻追封，撤庙享，掘墓鞭尸。戎马一生、功勋无数的多尔衮死后的境遇，让人不禁感叹政治斗争的残酷性。顺治皇帝亲政后，打出"以仁义定天下"的政治口号，革除多尔衮摄政时期圈地、投充（强迫无地汉人投充到满洲贵族家下为奴）和逃人法等三大弊政。为缓和多尔衮摄政时期军事征服所带来的空前的民族矛盾，清廷采用汉大臣范文程等人"剿抚并用，抚重于剿"的战略，清军势如破竹，各地主武装、起义军纷纷瓦解，全国统一之图景渐渐明晰。

顺治十八年（1661）正月，时年二十四岁的顺治皇帝突患天花崩逝于养心殿，遗诏以尚在幼冲之龄（八岁）的玄烨即帝位，以"勋旧重臣"索尼、苏克萨哈、遏必隆、鳌拜为辅政大臣。四大臣中以索尼为首辅，但自恃功高、专横跋扈的鳌拜不甘屈居于辅政大臣末位。最终，善工心计的鳌拜采用孤立、分化等手段最终夺得首辅地位。此时，原首辅大臣索尼病逝，苏克萨哈被鳌拜处以极刑，原有的四大臣辅政体制被破坏。鳌拜专擅大权，更加恣意妄为，结党营私，擅作威福。康熙八年（1669）五月，年轻的康熙皇帝在经过一段时间的精心准备后，用计擒获鳌拜，王大臣等条列其三十大罪，"本应依议处死"，但最终念其功勋"不忍加诛"，改为革职、籍没、拘禁。清除鳌拜集团，康熙皇帝亲政，开启了国家一统和康雍乾盛世的历史大门。

然而此时摆在康熙皇帝面前的是"三藩"割据势力（即镇守云贵的平西王吴三桂、镇守广东的平南王尚之信、镇守福建的靖南王耿精忠）、台湾郑氏集团。清初分封三藩，原本为"辑宁疆圉，以宽朝廷南顾之忧"，然而由于藩王手握重兵，位尊权重，逐渐形成尾大不掉之势，对皇权构成巨大威胁。康熙十二年（1673），为巩固皇权，康熙皇帝力排众议，毅然实行"撤藩"之策。面对吴三桂等人的相继叛乱，在军事平反的同时，睿智的康熙皇帝运用分化瓦解、剿抚并用等策略，大量起用汉人，经过艰苦卓绝的八年之期，最终彻底平定了三藩之乱。三藩之乱平息，康熙皇帝又将重心放在台湾的统一上。清军平三藩之际，割据台湾的郑经趁机用兵闽粤，相继占领泉州、漳州、潮州等地，这让康熙皇帝感觉到了巨大的隐忧。康熙二十年（1681），郑经病死，郑氏集团内乱，次子郑克塽在冯锡范的助力下夺得继承权，是为延平王，奉南明正朔。康熙皇帝敏锐地感觉到军事解决台湾问题的时机已经成熟。他毅然力排众议，听取内阁大学士李光地、福建总督姚启圣的建议，以郑氏降将施琅为福建水师提督，准备军事统一台湾。二十二年六月，施琅统兵进攻澎湖,与郑氏集团守将刘国轩决战。澎湖失守,台湾门户大开,郑克塽、刘国轩再三思考,不得不选择上表请降。八月,施琅率大军进驻台湾。郑克塽等"纳土归诚",康熙皇帝对他们施行宽容政策,封郑克塽公衔(海澄公),封刘国轩伯爵、授天津总兵官并在京师赐给宅地,封冯锡范伯爵衔。全部归入上三旗,拨给房屋、田地;命郑克塽家口、亲族及刘国轩、冯锡范家口迁移到京师,其他"伪官"及明宗室后裔朱桓等全部在附近各省安插垦荒。清廷统一台湾,开始设官职守(初设一府三县,隶属福建省),加强对台湾地区的管理。

明末至顺治时期,俄国屡次派遣武装人员袭扰黑龙江流域。康熙四年(1665),一支俄国武装军队入侵黑龙江流域并建筑军事设施,是为雅克萨城,以此作为侵略东北的据点。面对俄国对中国东北部边疆黑龙江流域的侵扰与蚕食,康熙皇帝在平定三藩之乱时便已经注意到,但苦于无暇顾及。康熙二十一年(1682),康熙皇帝东巡盛京(沈阳),开始着手准备部署应对俄国的入侵。二十二年,清廷与东北军民开启驱逐俄国武装的战斗。二十三年年初,除雅克萨之外,清军收复了黑龙江中下游的其余俄国军事据点。二十四年,在经过充分准备后,清军对雅克萨发起进攻,驱逐俄军并活捉俄军头目托尔布津,烧毁雅克萨城。二十五年,俄军重回雅克萨,清军再次出击,沙俄侵略军惨败,被迫要求和谈。最终经过谈判,中俄两国签订《中俄尼布楚条约》,划定中俄东段疆界,黑龙江以北、外兴安岭以南和乌苏里江以东地区均为中国领土。此外,康熙皇帝还亲征准噶尔蒙古,平定噶尔丹叛乱,稳固了清帝国的北部边疆,为雍乾时期平定西域打下基础。

政治上,甫一即皇帝位,年仅八岁的康熙皇帝就提出"惟愿天下乂安,生民乐业,共享太平之福"的执政愿景。亲政后,积极倡导"与民休息,道在不扰""尚德缓刑,化民成俗"的治国理念。在经济上,兴修水利工程,解决泛滥、溃决问题。康熙初期,康熙皇帝将三藩、河政和漕运看作是治国三大事,其六下江南时,河政也是最为主要的政治议题之一;康熙皇帝秉持"藏富于民"的政治思想,施行了一系列经济措施,如奖励垦荒政策,其规定民人新垦荒地十年内免征赋税,此举极大刺激了民人垦荒的积极性,使耕种面积迅速增加；如蠲免各地钱粮政策，凡遇有天灾等因造成歉收等情况，康熙皇帝多施恩蠲免钱粮。据统计，康熙皇帝统治时期，凡蠲免天下各地钱粮四百五十余次，多达一亿五千万两白银；改革人丁税，实行"孳生人丁，永不加赋"的政策等。

康熙皇帝晚年，政治上逐渐衰微，陷入朋党、皇子夺嫡的争斗之中无法自拔。在一场残酷的、历时十几年的所谓"九子夺嫡"中，最后皇四子胤禛以康熙皇帝遗诏"传位于皇四子"取得皇位，是为雍正皇帝。雍正皇帝是合法继位还是篡位，从其即位之初就成为朝野关注的焦点。针对此，即帝位后雍正皇帝便展开了一系列打击政敌、巩固皇权的措施，网罗允禩、允禟集团罪状，幽禁允䄉等皇子，整肃宗室，消除潜在威胁；削爵隆科多，赐死年羹尧。在政治上，雍正皇帝一改其父康熙皇帝晚年的"宽政"，实行严政，施行多项政治改革措施。雍正四年（1726），雍正皇帝采纳时任云贵总督鄂尔泰建议，在西南地区实行改土归流，清廷在云贵原土司地区设置府、州、县，以流官管理，将其纳入帝国正常的政治治理格局中，加强了对云贵边疆少数民族地区的统治。雍正七年（1729），在用兵西北时，雍正皇帝出于军事保密的需要，在紫禁城隆宗门内设"军机房"，作为供其与军机大臣们一同商定军事战争事宜之场所。雍正十年，军机房正式改称"办理军机处"（简称"军机处"）。后来军机处成为处理国家军政大事的机构，也成为内阁之外的又一个国家权力中心，延至清末一直存在（详见正文"军机处"相关内容）。另外，雍正皇帝还创建密建皇储制度，智慧地解决了皇位继承问题，成为后世遵行不变的祖制家法（详见正文"密建皇储"相关内容）。此外，雍正皇帝继承康熙皇帝遗志，继续用兵青海，平定罗卜藏丹津叛乱；数次用兵准噶尔蒙古，平定噶尔丹策零叛乱，解除帝国西北边疆危机。然而，雍正皇帝统治后期迷信道家仙丹养生之术，由于过量服用丹药中毒，于雍正十三年（1735）八月二十三日崩逝于圆明园，年仅五十八岁。按密建皇储之制，皇四子弘历即帝位，是为乾隆皇帝。

乾隆皇帝即位后，一改雍正皇帝的"严政"，施行"宽严相济"的执政理念。乾隆皇帝十分仰慕皇祖康熙皇帝的治国理念，即位之初便打出"法祖"的政治口号。在经济上，继续实行奖励垦荒政策，兴修水利，治理黄、淮河，兴修海塘工程；继续蠲免钱粮，还富于民；推广棉花等经济作物的种植，奖励农业；继续用兵西北准噶尔、回疆，并成功统一天山南北。

乾隆时期"开疆拓宇，四征不庭，楼文奋武"，执政凡六十年，征战四庭，其重大战争十次，故有"十全武功"之说。乾隆亲撰《十全记》以纪十功，曰："十功者，平准噶尔为二，定回部为一，扫金川为二，靖台湾为一，降缅甸、安南各一，即今二次受廓尔喀降，合为十。"乾隆皇帝并以此"功绩"自诩为"十全老人"。乾隆所谓"十全武功"多为正义之举，为国家统一计，如平准、平大小和卓之乱（平回）、平大小金川之乱、平台湾林爽文变乱，两次出击廓尔喀入侵，而与缅甸、安南之战实有穷兵黩武之嫌。关于乾隆皇帝自诩所谓"十全武功"，清史专家孟森如此评价："高宗于新疆定后，志得意满，晚更髦荒。……自此以前，可言武功；自此以后，或起内乱，或有外衅，幸而戡定，皆救败而非取胜矣。"好大喜功必然要付出沉重的代价，十大武功直接导致清朝政府"国帑告匮，元气夷伤，所谓'功成万骨枯'欤"。

除"武功"之外，乾隆皇帝以"法祖"之名，大搞巡幸。其在位期间，凡六次南巡、五次巡幸五台山、五次告祭曲阜、七次谒三陵、多次东巡盛京、热河。乾隆皇帝巡幸之数远超其祖父康熙皇帝，每次出巡各处，迎来送往，皆奢靡至极。

十八世纪中叶，随着困扰清朝康、雍、乾三朝长达八十余年的西部边境危机的结束，清帝国开始走向极盛期。然而随着天下承平日久，乾隆皇帝沉浸在其文治武功之中，开始秉持"持盈保泰"之治国理念，他曾在多处表达这一理念："重熙累洽诚斯日，保泰持盈乃此时"，"遗孽廓清永砥属，持盈益励敬皇皇"，"惟益励持盈保泰之心，夙夜倍切，永兢此意，愿与中外臣民共之"。凡此等等，无不表达其"持盈保泰"之治国理念。这一理念的确定其实质上暗含着统治者积极进取之精神已逐渐消弭，贪图享受已经成为其最大的乐趣。

乾隆皇帝浸淫于"十全武功"，开始意骄志满，倦怠朝政。这给了宠臣和珅权倾朝野的绝好机会。乾隆后期，和珅集团几乎将朝中大部分与其敌对的势力消解掉，并竭力网罗扩大利益集团。和珅大权在握，权倾一时，终成为清朝最大的"贪污之王""贪官之王"，亦成为十八世纪世界首富。加之乾隆后期战争频仍，如乾隆五十一年（1786），平台湾林爽文变乱；五十二年平安南，五十三年、五十七年两平廓尔喀入侵西藏等，与此相随的是康雍时期积累下来的丰厚国帑日渐耗费，帝国财政出现潜在的危机。总之，十八世纪末盛世外衣掩盖下的清王朝已是陷入危机四伏之境。

乾嘉之际，是为清朝历史由极盛而衰的临界时期，延续一百余年的所谓"康雍乾盛世"，在乾隆皇帝晚年"持盈保泰"治国理念之下渐次走向历史困境。清帝国吏治日腐、民情日汹、国势日颓，衰象渐呈。嘉庆朝是清帝国由盛而衰的历史转折期，上承"康乾盛世"，下启内忧外患的"道咸衰世"。

乾隆六十年（1795）九月，乾隆皇帝下诏于次年归政，传位十五子颙琰。次年"禅位大典"上颙琰即位，是为嘉庆皇帝。乾隆皇帝开始了为期四年的"太上皇"御政期。嘉庆四年（1799）正月初三日，乾隆皇帝驾崩。五日之后，韬光养晦长达数年之久的嘉庆皇帝降旨将和珅革职入狱、抄家，罢黜、囚禁和珅死党，开启了革新之路。"求治之道，必期明目达聪，广为咨取，庶民隐得以周知。"嘉庆皇帝以积极的态度号召群臣参与"咸与维新"。整饬内政，整肃纲纪，诏求直言，广开言路，祛邪扶正，诏罢贡献，黜奢崇俭等成为此次维新的主题，嘉庆皇帝欲通过此达到"吏治永清，民生永静，藏富于民，国本自固"，力挽退败之势。嘉庆皇帝革新之谕一出，上自廷臣言官、乾隆旧朝清廉之臣，"下至末吏平民，皆得封章上达，言路大开"，各抒己见，奏章凡涉吏治、军政等弊病，清弊之策等无所不备。一时间，朝廷中枢皆为股肱之臣，帝国朝政中枢政事呈现欣欣然之景象。然仅限于内政调整的"咸与维新"并没有实现嘉庆皇帝的政治愿景。

嘉庆元年（1796），川、陕、楚等地爆发白莲教大起义。太上皇乾隆采取严厉镇压措施，"费帑不下千万，调兵不下十余万"，然愈演愈烈，遍及数省。嘉庆皇帝亲政后采取"教匪分治"策略，于嘉庆七年"大功底定，川陕楚著名首逆全数肃清"。这应是嘉庆皇帝"咸与维新"最大成绩之一。按理来讲，嘉庆皇帝应该继续坚持其革新之举，然其走上了"守成"的治国之路。"守成"与"法祖"

成为嘉庆皇帝在短暂的"咸与维新"后的政治新选择，也因此成为清帝国由此而衰颓的内在原因所在。正是在此思想的影响之下，康雍乾盛世光环遮盖下的吏治、漕运、民生、八旗生计、盐政、财政亏空等种种问题并未能得以解决，社会危机与政治危机日益加深或严重化。"缔造维艰，守成匪易"，在嘉庆皇帝的循循善诱之下，道光皇帝亦继承了这种治国理念，并成为影响清帝国晚期政治形态的重要因素之一。

十八世纪末的清帝国在盛世之后进入了停滞期，开始了由内而外的衰颓。其时的清朝皇帝和臣工们缺乏向外开拓进取的精神与忧患意识，终日浸淫于"天朝上国"的迷梦之中。当马嘎尔尼使团带着西方的工业品前来叩开天朝大门与西方通商贸易时，天朝臣工们将其当作是边远小国对天朝的朝觐，从而引发"磕头风波"的礼仪之争。乾隆皇帝与帝国臣工们竟以"天朝上国，无所不有，不期与尔等互通有无"的傲慢自大拒绝了马嘎尔尼等人通商贸易之要求，随之中国也丧失了了解世界的机会。"守成"皇帝嘉庆竟也与其皇考极其一致的口吻拒绝了英国人通商贸易的请求："天朝不宝远物，凡尔国奇巧之器，亦不视为珍异"，"嗣后毋庸遣使前来，徒烦跋涉"。

然而当天朝上国的皇帝和臣工们浸淫于盛世迷梦时，世界文明正在发生着翻天覆地的变化。以英国的产业革命、美国的独立战争、法国大革命为标志，世界历史进入了新纪元——资本主义工业时代。在西方，资本主义工业化的大机器代替了传统的手工业，开启了农业社会向工业社会的飞跃。而东方文明中依旧是传统的专制皇权，依旧保持着其内在的稳定性，渐次被甩在了历史发展之外。

嘉庆二十五年（1820）七月二十五日，"守成"祖业二十五年的嘉庆皇帝在热河避暑山庄驾崩。八月二十七日，赛冲阿等以嘉庆皇帝秘储朱谕拥皇次子旻宁即帝位，是为道光皇帝。早在嘉庆四年四月初十日，旻宁就以其在嘉庆十八年天理教徒攻打紫禁城变乱即"癸酉之变"中的神勇表现，获得了皇父嘉庆皇帝"有胆有识""忠孝兼备"之盛赞和"有大能谦，不矜不伐，圣人之功，超迈前古"之考语。

道光皇帝在位凡三十年，躬耕勤政，凡蠲免钱粮、赈济灾民、疏浚河道、改革财政、整顿吏治、整理盐政、改漕粮为海运、解决八旗生计、训练军事等，皆竭力加以矫治，欲力挽清帝国的颓势，然而面对行将就木的帝国，维护式的努力只能是徒劳。道光六年至八年（1826—1828），清军坚持"厚集兵力，一鼓扫除"的战略击败张格尔，收复西四城，于十二月生擒张格尔，献俘午门，平定张格尔叛乱。此举成为清帝国"嘉道中衰"时期最值得书写的一段荣耀历史。

"鸦烟流毒，为中国三千年未有之祸。"道初时期，吸食鸦片在清帝国内已经泛滥，"上自官府缙绅，下至工商优隶，以及妇女、道士、僧尼，随在吸食，置买烟具，为市日中"。鸦片流入严重影响到国家财政与臣民身心健康，朝臣对鸦片之态度分为以林则徐为首的"严禁派"和以许乃济为首的"驰禁派"，道光皇帝采取坚持禁止政策，钦差林则徐虎门销烟之举即是其严禁政策的明证。清帝国严禁鸦片与虎门销烟之举措，严重"侵害"到英国的商业利益。道光二十年（1840），中英第一次鸦片战争爆发。道光皇帝在投降派的左右下，主张时战时合，终因军事实力不济而被迫求和，与英人订立近代历史上首个不平等之《南京条约》。英国人以船坚炮利叩开了清帝国的大门，将中国拖入半殖民地半封建社会，掀开了中国近代屈辱历史的篇章。

奕詝在清帝国内忧外患日趋加重之际即帝位，是为咸丰帝。咸丰帝即位之初，勤于政事，明诏求贤，"任贤擢才，洞观肆应"，先后罢道光权臣穆彰阿、耆英等，提拔敢于任事的肃顺，支持肃顺等革除吏治弊政、整理田赋盐政、兴修水利，力挽嘉道以来帝国之颓势。第一次鸦片战争后，清帝国为支付战争赔款而重税赋盘剥农民，导致政治统治更加腐败，阶级矛盾更加尖锐。加之其间自然灾害频仍，帝国百姓陷入生活绝境，"真有民不聊生之势"。有人形容当时之社会"如人满身疮毒，脓血所至，随即溃烂"。咸丰时期，历时十四年、波及十余省的太平天国运动，让本就处于岌岌可危的清王朝再度陷入艰巨。

咸丰一朝接连不断的内忧外患并未能给奕詝成为像其祖辈们一样的盛世皇帝的机遇，自即位初便忙于应付太平天国民变和英法发动的第二次鸦片战争，其疲于奔命在如此前所未有的政治困境中，着实成了"苦命天子"。清帝国之政治、经济、社会更是陷入半殖民地半封建社会的深渊。然而，战争上的失败与屈辱条约让素有爱国情怀的知识分子及颇有远见的帝国臣工们开始萌发"向西方学习"的新思潮，由此而促成帝国最后的中兴——"同治中兴"。

咸丰十一年（1861），咸丰帝因病驾崩于承德，六岁的皇长子载淳在载垣、端华、肃顺等八位顾命大臣的辅佐之下即帝位，是年十月，慈禧不满八大臣专权，便联合东宫慈安太后与恭亲王奕䜣发动辛酉政变，八大臣或被诛杀，或被革职、遣戍，实行两宫"垂帘听政"，执掌清帝国大权，改年号为"同治"。自此后，清代历史基本上掌握在慈禧的手中，直至其于光绪三十四年（1908）病逝，统治长达近半个世纪。期间，虽有所谓"自强""求富"的洋务运动，采用西方先进技术先后建立起了一批近代军事工业、民用工业，然而由于创办者的封建性（"顽固派"），洋务只停留在器物变革的层面，并未触及阻碍国家发展的政治制度本身，这注定了其必然走向失败。洋务运动虽没有让中国走向富强，但其近代化的举措却推动了中国近代民族资本主义的产生与初步发展。当然，洋务运动也让满洲贵族的统治延续了六十余年。

制度篇

族与国：八旗制度

八旗制度为努尔哈赤在关外时期创建的一种集军事、行政与生产为一体的军事制度，最初源于满洲（女真）人的狩猎组织。女真人行猎以十人为一组，首领被称为牛录额真（意为"箭主"）。为便于大规模地围猎，牛录额真所管人数不断增加。后满洲人将此组织形式应用于军事斗争中。明万历二十九年（1601），努尔哈赤整顿军事建制，规定以三百人为一牛录，以牛录额真为首领；五牛录为一甲喇，以甲喇额真为首领；五甲喇为一固山，以固山额真为首领，共建四部，分别以黄、白、红、蓝色旗帜为标志，此即四旗。万历四十三年（1615），增设镶黄、镶白、镶红、镶蓝四旗，共为八旗。为区分各旗，以红色镶黄、白、蓝三旗旗边，红旗以白色镶边。此时的八旗组织，即后来的满洲八旗。随着满洲八旗军事建制的完善，努尔哈赤对八旗军律也有着严格的规定："行军时，地广则八旗并列，分八路；地狭则八旗合一路而行。队伍整肃，节制严明，军士禁喧嚣，行伍禁搀越。"赏罚亦明晰，"克城破敌之后，察核将士战功必以实。有罪者虽亲不贳，必置之法；有功者虽仇不遗，必加之赏"。

| 镶红旗、镶蓝旗盔甲  | 镶黄旗、镶白旗盔甲

| 正红旗、正蓝旗盔甲　　　　　| 正黄旗、正白旗盔甲

此后，随着对外征战与领地的不断扩张，降附与掳掠而来的蒙古人、汉人渐次增多，天聪九年（1635）皇太极又建成蒙古八旗，崇德七年（1642）又建成汉军八旗。至此，一个由满洲八旗、蒙古八旗与汉军八旗共同组成的八旗制度臻于完善。清人入关前，八旗中的正黄、镶黄两旗由皇太极直接统领，其他六旗分别由皇太极的兄弟子侄等统领。入关后，顺治八年（1651），摄政王多尔衮病逝，顺治皇帝亲政，趁机收回多尔衮所领正白旗。自此，八旗又形成上三旗与下五旗之别，上三旗为正黄旗、镶黄旗、正白旗，由皇帝直接统领；下五旗为正红旗、镶红旗、正蓝旗、镶蓝旗、镶白旗，由诸王、贝勒、贝子分别统领。此制至终清之世未改。

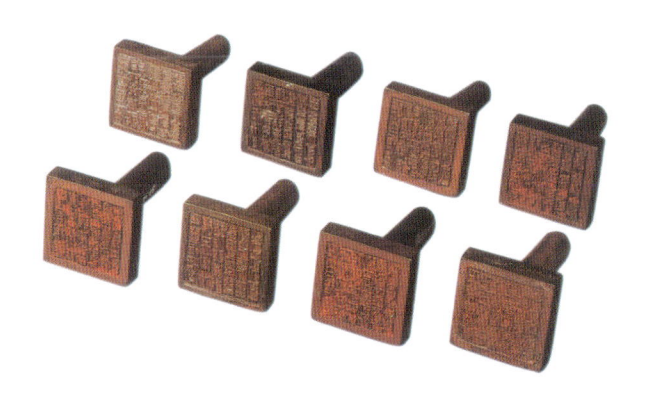

| 八旗各佐领图记

八旗制度"以旗统人",即"以旗统兵",凡隶于八旗者皆可以为兵。入关前,八旗兵丁平时从事生产劳动,战时皆兵,即所谓"出则为兵,入则为民,耕战二事,未尝偏废"。他们随时听候大汗调遣参与征战。每次出征,披甲之人需自己准备武器、马匹及行军粮,但他们被允许在战后可将抢掠所得的一部分据为己有作为补偿,此即所谓八旗兵丁的"放抢经济"。"放抢经济"对八旗兵丁具有极大的吸引力,通过此可达到"无饷而富",因此八旗兵丁"弧矢之利,精强无敌",具有极强的战斗力。

入关后,清廷将八旗的军事能力看作是满洲人在中原建立统治的根本所在,所谓"八旗甲兵,国家根本""八旗禁旅,为国家根本所系"等类表述层出不穷。"满洲甲兵系国家根本,虽天下平定,不可不加意爱养",基于此认识,满洲统治者为八旗兵丁建立起集旗地、兵饷与赏赐为一体的生活保障体系。清廷"以授地之法,定八旗之世业"。顺治元年(1645)十二月二十三日,摄政王多尔衮谕令户部:

> 我朝建都燕京,期于久远,凡近京各州、县民人无主荒田及明国皇亲、驸马、公侯、伯、太监等死于寇乱者,无主田地甚多,尔部可概行清查。若本主尚存,或本主已死而子弟尚存者,量口给与,其余田地尽行分给东来诸王、勋臣、兵丁人等。盖非利其地土,良以东来诸王、勋臣、兵丁人等无处安置,故不得已而取之……可令各府州县乡村,满汉分居,各理疆界,以杜异日争端……至各府、州、县无主荒田及征收缺额者,着该地方官查明,造册送部。其他俟给东来兵丁,其钱粮应征与否,亦着酌议。

自顺治二年起至顺治四年,清廷在京畿地区(主要在顺天府,"三百里内不足,则远及五百里")先后开展了三次大规模圈地,共计圈占地亩十八万顷左右(有研究者指出此数字应该在二十万顷左右)。圈占过程中,满洲贵族不管是否为"无主田地",亦不管拨补土地是否到位(清廷规定,被圈占的地亩"俱视其田产美恶,速行补给,务令均平"),全程以武力圈占。经过三次圈占,顺义、良乡、三河、宁河四县地亩全部被圈占,其他各处亦是"几无民地"之况,贫民衣食无资、流离失所、鬻妻弃子。更有一些失地者"煽惑讹言,相从为盗"。满洲贵族还采取"投充"的方式攫取民人地亩。贫民地亩被圈占,得不到拨补,无奈之下只好"自愿"投充(其实多为"威逼投充者")到旗人家耕种土地,以资活命。在此圈地运动中,与八旗贵胄所获巨量地亩相较,八旗兵丁"授田甚少",每名所得旗地约在三十亩左右。各驻防地八旗土地分配制度各有不同,如山东、山西、江宁等处驻防八旗分得的旗地约在数十亩左右。在新疆等边疆地区,八旗兵丁可以获得更多的旗地。然而,清初国家统一战争频仍,八旗兵丁经常披甲出征,根本无暇耕种或经营土地,"致失耕种之业,往往地土旷废",一旦遇有旱涝灾荒,兵丁生计无着。清廷虽有"拨给甲兵地亩,有告称不能耕种者不准"及"旗民不交产"的法律规定,但更多的八旗兵丁更喜欢将旗地租给民人耕种以收取地租,或者冒险将旗地私售给民人。最终,满洲统治者的旗地政策归于失败。

八旗兵饷制度是满洲统治者维护八旗制度的又一措施。八旗兵丁的饷银主要包括饷银和粮米,以及具有补贴性质的家口粮(米)等项,一般称之为"月饷"。喂养马匹兵丁还可以领取一定量的马乾(饲马的干食料),称之为"马乾银"。魏源《圣武记》载:前锋、亲军、护军、领催、弓匠长月给饷银四两,骁骑、铜匠、弓匠月给银三两,皆岁支米四十八斛;步军领催月给饷银二两,步军一两五钱,皆岁支米二十四斛;炮手月给银二两,岁支米三十六斛。由觉罗补前锋、亲军、护军者,月加银一两。虽有兵饷,但由于清初八旗兵丁参加战争仍需自备军备所需,加之战争频仍,他们的兵饷几乎全部花费在置备军器、添补马匹上。原本看似充裕的兵饷实际上显得十分支绌。正如陈之遴在《满洲兵民生计疏》中指出:八旗兵丁苦累重负,"一有警急,辄劳满族,远涉或数千里,长征一二年","出兵之时买马置器,措费其难。凯还之日,马倒器坏,又须买补,满兵月饷几何?堪此重费!"然而"兵有常数,饷有定额",随着人口的不断增加,大量的八旗子弟闲散在家,经济日渐困窘,严重影响到八旗军事能力。

自康熙中后期起,旗人生计问题逐渐凸显。至乾隆时期最为突出。为解决此问题，康熙、雍正、乾隆三位皇帝利用皇权，筹划各种解决八旗生计问题的策略，为此付出巨大的努力，但均收效甚微。因为他们并没有触及八旗制度本身不合理这一根本性问题。直至清末，这一问题始终成为困扰清朝皇帝的问题。宣统三年，随着清王朝的覆亡，作为清朝"国家根本"的八旗制度亦随之消亡。

康熙皇帝与"御门听政"

朝会制度是中国古代王朝处理国家政务的重要方式。清朝朝会可分为大朝、常朝两类，大朝突出礼仪，主要是接受朝臣百官庆贺的朝会，不处理国家军政事务。天命元年（1616），清太祖努尔哈赤始行元旦庆贺礼，制定朝仪。崇德元年（1636），清太宗皇太极定元旦进表笺及万寿节庆等庆贺朝仪。顺治八年（1651），清廷最终确定元旦、万寿（皇帝诞辰）、冬至为三大节。届时，皇帝亲临太和殿，接受百官庆贺。常朝是皇帝听取百官奏事（听政）、朝议及处理国家政务的朝会，有御殿听政和御门听政两种。崇德元年，清朝始定常朝朝期，每月初五日、十五日、二十五日皇帝御殿听政。

乾清门

乾清门系内廷正门，始建于明永乐十八年（1420），清顺治十二年（1655）重修。它是连接内廷与外朝往来的重要通道，又是清代"御门听政"的场所。

"御门听政"原为明朝处理国家日常政务之旧制,其时皇帝每日亲临太和门听取朝臣奏事、颁发诏令、处理政事。

清初承明"御门听政"之制,在太和门听政、颁布诏令、赐宴等。《清朝会典》载:清朝"御门听政"始自顺治二年(1645)。但此时御门听政仅为临时之制,并未形成定制。康熙六年七月初七日,康熙皇帝"躬亲大政",朝廷行庆贺大礼,礼毕,康熙皇帝御乾清门(由太和门转至乾清门)听政,并令"嗣后日以为常"。然而当时御门听政经常受到辅臣如鳌拜等人的肆意干扰,多流于形式。八年,康熙皇帝智除鳌拜集团,取消辅政大臣内廷议政,恢复大学士入内阁以备垂询之旧制,以皇权为核心的"御门听政"制度逐渐成为常朝之制。

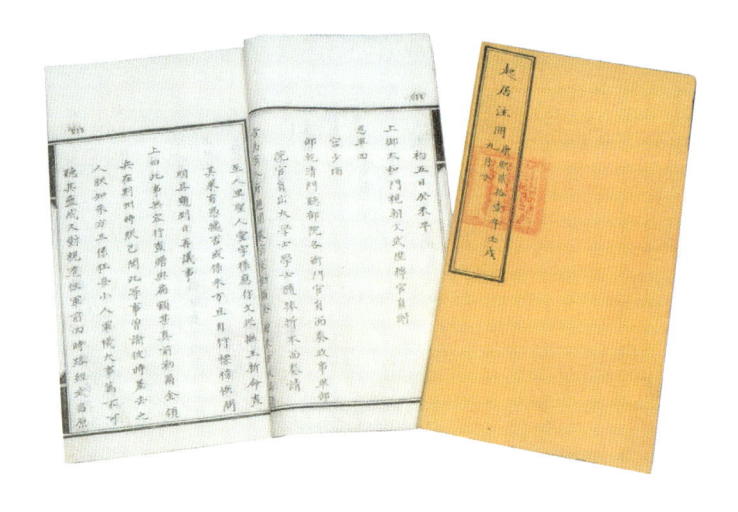

| 记载康熙皇帝"御门听政"的《起居注册》

随着"御门听政"成为清朝常朝之制,其仪注亦渐次成型。每日清晨,乾清门首领太监等在乾清门正中设御座,座前置一奏案。乾清门侍卫立于御座左右,领侍卫内大臣、内大臣、散秩大臣及虎枪侍卫立于丹陛下左右;记注官("起居注"官)立于西廊柱下,翰林、科道官在西陛下立。御座左侧首为大学士、次内阁学士。部院官奏事位序:首为各部尚书、都察院左都御使,次侍郎、副都御

使、大理寺卿、少卿等。早朝时，各奏事官员须慎守章制，对"失仪者"随时指名题参。各部院尚书、侍郎及陪奏官按位列跪，尚书捧奏章匣恭放于案上。皇帝御乾清门，升座，各衙门依序启函奏事。康熙朝《大清会典》载启奏次序：吏、户、礼、兵、工五部，理藩院、都察院、通政司、大理寺轮班先后启奏。若宗人府奏事，在各衙门之先；若太常寺、光禄寺、鸿胪寺、国子监、钦天监奏事，在礼部之后；督捕、太仆寺奏事，在兵部之后；五城御史奏事，在都察院之后；若内阁、翰林院、詹事府奏事，在各衙门之后；九卿有会奏公本，科道官有条陈事宜，亦在各衙门之后。若刑部奏事，每日在第三班。一般而言，皇帝在现场对所奏事宜不作置评，但遇有重大事宜时则向各部院大臣现场征询意见。各官员面奏政事毕，即率本部院官员"循阶左降"，随侍卫由后左门出。每日收所奏本章如有折本事宜，大学士、学士面奏请旨。乾清门是康熙御门听政的主要场所，由皇帝"御门"，各部院官员依次奏事，商讨各部军国政务和题奏本章。如皇帝住圆明园，则选择在勤政殿朝会，又称"御殿"；在外巡幸期间，皇帝仍行听政，朝会地点则依巡幸地而定。

"御门听政"因多在黎明时分举行，故又称早朝。康熙二十年（1681）之前，由于政事（以军务为多）繁忙，九卿及各部满汉大小官员"每日黎明齐集午门"，面奏政事。凌晨三四点间，部院衙门大小官员需要从家里赶到午门，每日遭受"早起风寒之累"，于是满汉部院官员怠惰规避齐集的情形日渐增多。为此，清廷又对官员齐集制定了严格的惩罚措施，如"官员无故不到者，皆罚俸一月；诈称上朝者，罚俸一年；捏供同上朝之官，罚俸两月"。有官员对此颇有怨言，主张减少御门次数，甚至有些高龄官员"不堪逐日趋走"而竞相"具疏乞休"。康熙二十一年之后，随着三藩之乱的平定，天下渐次承平，民生日康，刑清政肃，朝臣对全班官员齐集之例提出异议，建议"分启奏之班，停齐集之例"，其原因是"诸臣每夜三更早起，朝气耗伤，未免日间办事反难精密"。此奏到后，先是被九卿驳回，但康熙皇帝却同意此议，随之对御门听政做了一些改变：齐集时间春夏为辰初刻（早七点）、秋冬为辰正初刻（早八点）；年力衰迈及偶患疾病者可免齐集；九卿、詹事、科道等员

乾清门"御门听政"（模拟场景）

每日参加齐集，各衙门及部院司属官员俱停每日齐集，改为每月参加三次齐集。

除遇有先辈帝后忌辰、祭祀日、庆典及生病、天气原因等外，康熙皇帝每日临朝，"盛暑祁寒未曾稍辍"。但这却引来了部分朝臣的反对。"自古人君从未尝每日亲御听政，即定期视朝，亦未有甚早者"，康熙二十三年（1684）御史卫执蒲上疏建议：举行御门听政应以五日或二三日为期。康熙皇帝以"致治之道，务在精勤，历始图终，勿宜有间"为由驳回。二十九年，又以同样的理由驳回此类奏议。

康熙皇帝"日御门听政，临决万机，不逸夙夜"，成为清朝皇帝勤政的典范，以至雍正、乾隆皇帝都以"法祖"为政治口号。"御门听政"也成为清朝皇权得以加强的标志，因为御门听政各部院大臣等只有奏议权，其对军政各式的票拟意见只是供皇帝咨询、参考而已，最终的决断权仍在皇帝之手。康熙时期，诸多重大朝政事务都是在御门听政后做出的决断，军政方面如平定三藩、收复台湾、抵抗沙俄入侵、抗击准噶尔叛乱、"驱准保藏"等，政务方面如官员任命、赈济灾民、河政、漕运、发展农工商业等无所不括。御门听政是公开讨论国家日常政务的一种方式，对完善皇帝决策、维护国家统治、发展经济等方面有很大助益。雍正时期,由于军机处的建立,"御门听政"频率大幅减少。乾隆时期,每年"御门听政"次数也仅保持在十二次以下,嘉道以降,诸皇帝行"御门听政"者更是寥寥,同光时期已完全废止不行。

军机处与秘密政治

军机处,全名为"办理军机事务处",是清代特有的一种政治中枢机构,主要职责是代皇帝撰拟谕旨,商酌军国大政,对清代政治有着十分重要的影响。军机处始创于雍正时期,但其具体肇始于何年,学界历来分歧不定,莫衷一是,有雍正四年、七年、八年、十年诸说,其中以雍正七年(1729)说者居多。

关外时期,清朝先后实行多种政治体制以处理国政。天命元年(1616),在努尔哈赤的授意下,代善、阿敏、莽古尔泰、皇太极四人被授为"和硕"贝勒,共同参理国政。后又授意由费英东、额亦都、何和礼、扈尔汉、安费扬古五大臣参议军国大事、审理诉讼、"协理"朝政,史称"五大臣佐政"。天命七年(1622)后,又改

盛京大政殿,举行议政王大臣会议之所

为八和硕贝勒共议国政，是为议政王大臣会议。八和硕贝勒享有"全都集合商议处理国事"的权力，遇重大国事须八人共议，一致裁决。皇太极即汗位后，通过一系列措施加强"汗"权。天聪十年（1636）四月，皇太极改"汗"称"皇帝"，强化了皇权，削弱了议政王大臣会议的权力。

满人入关后，国家日常政务都由皇帝亲自处理，躬亲裁决，事无巨细。顺治十八年（1661）正月，顺治皇帝驾崩于养心殿，遗诏第三子玄烨克承大统，并"特命内大臣索尼、苏克萨哈、遏必隆、鳌拜为辅臣"。时年八岁的玄烨即皇帝位，改元康熙，实行四大臣辅政的议政制度。制度行久，必生弊端。四大臣辅政，权力渐次落入鳌拜之手，"班行章奏，鳌拜皆首列"。康熙六年，康熙皇帝亲政，但鳌拜等仍以辅政之名恣意妄为。康熙八年（1669），康熙皇帝计除鳌拜集团，又仿明朝旧制设内阁，襄理国家政务。军事机务仍由议政王大臣会议商酌。为削弱议政王大臣会议，康熙十六年（1677），康熙皇帝命特设"南书房"，"择词臣才品兼优者"入值（入值者称"南书房行走"），或代拟谕旨，或备咨询。南书房渐次"权势日崇"，成为国家权力中心之一。

雍正时期，清廷用兵准噶尔以纾西北边境危机，军务繁杂，"以内阁在太和门外僚值者多，虑泄事机，始设军需房于隆宗门内"，方便皇帝随时召见枢密大臣密议军务。此后，"军需房"又有"军需处""办理军需处"和"办理军机处"等不同称谓。雍正十年（1732），雍正皇帝谕旨正式改称"办理军机处"（简称"军机处"），并颁给"办理军机事务"印信。

军机处初立，"其制无公署，大小无专官"。后公署定址在隆宗门内，无定员，成员皆由皇帝随时特旨指派，曰"军机处行走""在军机大臣上行走"或"在军机大臣上学习行走"，以原官品秩兼摄军机处事务，称为"办理军机事务大臣"，简称"军机大臣"。军机大臣多由亲王、大学士、尚书、侍郎或京堂充任，但因此为"枢廷，义取慎密"，故而"非亲重大臣"，"熟谙政体者不得任"。军机大臣"日值禁庭以待召见"，每日数次得见"天颜"、聆听"纶音"，早晨寅卯时（凌晨五至六点）入宫觐见称为"早面"。

军机处兴于军务，但随着各项制度的完善，其职掌不仅限于此，

军机处值班房　　　　　　　军机处值班房内景

"厥后军国大计，罔不总揽"，举凡承旨草拟制诰、封发谕旨、处理奏折、备皇帝顾问、赞理皇帝处理政务（如参与重大案件审拟、对朝中要员的任免和考核）等朝廷军政大事无所不括，俨然是皇帝的政务秘书班子。办事人员多挑选内阁中书中敏慎者调任，称之为"军机章京"，乾隆皇帝时又将选任范围扩大至各部院员外郎、笔帖式等小京官。由于军机章京可以票拟一般章奏，故又有"小军机"之称。

军机处虽兴于军务，但其得以设立的内在原因则是清朝君主集权不断强化的需求。清承明内阁，"内阁为机务要地，掌宣纶绰，赞理庶政"，机务"悉关内阁"，军事则交议政王大臣议奏。但为避免内阁"票拟"之弊，顺治皇帝"亲政之初……使大学士在御前票拟"，康熙皇帝坚持御门听政，首创奏折制度，以保大权不至旁落。雍正皇帝时期，"满臣重权，汉六部九卿奉行文书而已。满人謦欬，无敢违者"之政治生态依旧未改。军机处因西北军务而立，但军机大臣"承旨办理机务"及军事，赞襄朝政，"雍正以来，本章归内阁，机务及用兵皆军机大臣承旨"。如此，军机处逐渐成为处理军国大政的核心，许多国家机密政务由内阁转向军机处，而内阁则逐渐"形同闲曹"。军机处虽不是清朝国家正式的政务机构，但朝廷"有事无不总汇""天下无事不综"，其已然成为雍正以降"隐然执政之府"。

奏折与密谕（多由南书房撰拟）是康熙皇帝创行的政治事务保密制度。雍正皇帝时期，一些重大机务可不经内阁而由大学士等亲重大臣面承谕旨寄发。军机处"承旨办理机务"，直接廷寄地方，"职居密勿"使其成为秘密政治最为有效的方式。为确保秘密政治，军机处管理十分严格。军机处章京等员入值时不得与其他衙门官员来往，非军机处人员不得在值班房前停留、窥望，没有圣谕外人不得擅入。乾隆御极之初，以"西北二路既已无事，而苗疆之事亦少"为由裁撤军机处，但两年后乾隆皇帝深知军机处实有办理"机务"秘密政治的必要性，于是又恢复军机处。嘉庆初期，因扳倒权臣和珅之故，嘉庆皇帝一直力挫军机处，并率意着手整顿军机处。为防止出现和珅专政现象复现，即"杜专擅而防壅蔽"，嘉庆皇帝规定"军机大臣及御前大臣彼此不令相兼"。嘉庆皇帝虽然整顿军机处，但当御史何元烺奏请"酌改军机处名目"时他却坚决予以驳斥。因为他已经深刻认识到军机处对于皇帝实行秘密政治与加强皇权具有重要的作用，并将军机处作为朝政机构列入会典。直至宣统三年（1911），清廷责任内阁成立后，军机处方才撤销，退出历史舞台。

奏折制度与清朝政治

奏折是清朝时期独有的一种上行官方文书形式，皇帝与群臣之间通过一道道奏折文书来沟通、处理国家日常政务。明朝旧制，群臣向皇帝奏事，采用"公题私奏"之制，即公事用题本、私事用奏本。凡钱粮兵马、命盗刑名等例行公事，皆采用题本奏报，须加盖官印；凡官员私事，皆采用奏本，不用印。清初承明制：凡京内外各衙门，一应公事俱用题本；凡官员请安、谢恩等事概用奏本。

按照文书流转制度，凡地方各级衙门所上题本、内外臣工所上奏本，通常由通政使司转交内阁票签处票拟贴黄（中央部院题本不经过通政使司直接送内阁票签处），内阁票拟办理意见，经大学士等审定后才能呈供皇帝御览。皇帝对票拟的意见予以认可，批本处用朱笔誊录于题本首页（此称之为"批红"），再送回内阁六科发抄相关衙门。然而在实践过程中，题本与奏本运转程序十分烦琐，不利于国家政务情报的及时上达，影响决策效率。在此过程中，题本或奏本的保密性极差，有时题本还没到达皇帝手中，国家事务已经播扬在外；有些大臣顾及保密性，在题本或奏本中不能真实反映各处情况。如此，题本等成为格式行文统一、内容死板空洞的官方文书，十分不利于国家政治统治，亟待改革。在此背景下，一项新的文书制度——奏折制度应运而生。

康熙四十四年（1705）十月，康熙皇帝朱批苏州织造李煦奏折

　　奏折最初的使用源于何时，学界异说纷呈，莫衷一是。目前学术界普遍认为，奏折制度始见于康熙二十年后（目前所见最早的奏折实物始于康熙中期，但"奏折"二字早在顺治十三年即已出现，但有人认为此为康熙时期由满文转译汉文时将"奏本"误译为"奏折"）。奏折制度创立之初，仅为在京衙门和少数亲信大臣向皇帝报告公、私事务的一种形式。大臣缮写好奏折，封好后装入专门的报匣，多由大臣亲信家丁等亲自递送，经奏事处可直达皇帝手中，由皇帝亲自拆阅，并将处理意见亲自以朱笔批示在奏折之上，谓之"朱批"。此类奏折即所谓"朱批奏折"。然后遣人将奏折发还具奏者按朱批办理施行。后来，康熙皇帝选派亲信家奴到地方任职，如苏州织造、杭州织造、江宁织造等，他们也被允许使用奏折向皇帝报告所在地方事务及情报，成为皇帝了解地方官员与事务的秘密通道。

　　康熙中后期，清廷将奏事权进一步扩大，凡朝中大学士、各部尚书等中枢机构官员，地方驻防将军、督抚、提督、总兵等具有直接向皇帝具折奏事的权力。同时，康熙皇帝也将奏折制度中秘密政

治的功能进一步扩大。康熙五十一年正月二十八日，康熙皇帝口谕："朕为国为民，宵旰勤劳，亦属分内常事，此外所不得闻者，常令各该将军、总督、巡抚、提督、总兵官因请安折内附陈密奏，故各省之事不能欺隐，此于国计民生大有裨益也。"

雍正时期，清廷将官员奏事权进一步扩大至科道、翰林、藩臬副参等以下微员。雍正元年二月十六日，雍正皇帝谕科道官员："朕仰承大统，一切遵守成宪，尤以求言为急，在京满汉大臣，外省督抚、提镇仍令折奏外，尔等科道诸臣……今着各科道每日一人上一密折，轮流具奏，一折祇言一事，无论大小时务，皆许据实敷陈，即或无事可言，折内亦必声明无可言之故。"后来，雍正皇帝有时还特别给予品级低下、没有奏事权的"效力微员"具折奏事的权力，以便更加全面真实了解各处事务。如此，在奏折制度下皇帝掌握了来自各处的信息或情报，十分有利于朝廷在人事调任、政务决策等政务上做到游刃有余，奏折制度在国家秘密政治中起到非常重要的作用。

由于密折可以直达皇帝手中，所以具奏者多能秉笔直书、畅所欲言，且其中多有弹劾、告密上司等秘密材料，留存在各处，具有很大的政治风险。雍正皇帝甫一即位，即着手实行朱批奏折回缴制度，要求内外大臣按朱批办理后，要将"朱批奏折"呈交于中央统一贮存。雍正皇帝首先谕令收缴康熙皇帝时期的朱批奏折：

> 军前将军，各省督抚、将军、提镇，所有皇父朱批旨意，俱着敬谨查收进呈。或抄写存留、隐匿焚弃，日后败露，断不宽恕，定行从重治罪。京师除在内阿哥、舅舅隆科多、大学士马齐外，满汉大臣官员，凡一切事件，有皇父朱批旨意，亦俱着敬谨查收进呈。

并言明："嗣后朕亲批密旨，下次具奏事件内，务须进呈，亦不可抄写存留。"对凡因升转、降调、病故的官员有未缴回的朱批奏折，规定可由本省督抚代缴。雍正七年（1729），为便于留档备查，雍正皇帝又推行奏折副本制度，即由军机处负责誊录"朱批奏折"副本，故称"录副奏折"或"军机处录副奏折"。

康熙四十七年（1708）五月，江宁织造曹寅请安折

织造官被称作是皇帝的耳目，经常给皇帝搜集敌方情报。这件请安折中，江宁织造曹寅除向皇帝请安之外，还奏报了苏、杭两织造捐资买米平粜、勘察明洪武陵家坍塌事。康熙皇帝朱批："知道了！此事奏闻的是，尔再打听还有什么闲话，写折来奏。"

奏折制度创立之初，多由亲信大臣派家人或心腹之人亲自送交奏事处，再由奏事处转交皇帝阅看。随着奏事权的逐步扩大，地方各员被允许使用国家驿递系统呈送奏折。为避免各官员滥用驿递，特别规定：各处督抚、提镇及驻防将军都统，只有在上奏"紧要"奏折时，才准差人通过驿递系统呈送奏折，但规定使用马匹不得超过两匹；"寻常"奏折则不得擅自使用驿递系统，必须自行差人呈送。待各省奏折奉朱批后，统一由军机处调度使用驿递系统发递给具奏者。

清代奏折所涉内容主要有请安、谢恩、缴批和奏事四类。其中奏事类内容十分驳杂，上自国家政事，下至百姓日常事件，事无巨细。奏折制度的最大特点在于具有秘密性质。由于奏折所涉内容往往较为机密，所以皇帝一再要求各大臣务必亲自缮写，不可找人代写，以免泄密。在奏折制度之下，内外大臣都可成为皇帝的耳目，他们不论公私，畅所欲言，凡有见闻皆可据实奏闻（即"风闻言事"）。

如此，皇帝建立起了一张巨大的资讯网，随时可以掌握全国各地舆情、各官员优劣等情况，对于巩固皇权，加强统治具有十分重要的作用。大臣遇有各类节庆时向皇帝具折请安，或遇有晋升、受皇帝赏赐等情况向皇帝具折谢恩，加强君臣之间的私人情感，对巩固统治亦具有十分重要的意义。

如今，数以千万计的清代奏折庋藏在两岸各文博机构，内容十分丰富，对我们了解与研究清代的政治、经济与社会等方面均具有重要的价值。

密建皇储：清朝皇位继承制度

古人常谓："天下之命，悬于太子。"因为太子是帝国权力的直接继承者，也是帝国命脉的延续者。自秦汉以降，中国步入帝王时代，皇帝代代相因，皇帝位皆按照宗法制实行"嫡长子继承制"。关外时期，满人一直实行不立储君的政治传统。入关后，直至康熙十四年（1675）十二月，才始承袭汉民族"嫡长子继承制"的旧制确定皇位继承制度。是年，康熙皇帝下诏册立不满两岁的嫡长子胤礽为皇太子，并精心制订了一套培育皇太子的计划。然而，至康熙中后期，康熙皇帝与皇太子及太子党、皇太子和诸皇子间的矛盾不断尖锐化。康熙皇帝被迫先后于康熙四十七年（1708）九月（次年三月复立）、五十一年（1712）十月两次废黜太子胤礽。

"皇太子系天下根本"，是为国本。自经历两次废黜皇太子事后，康熙五十二年三月，康熙皇帝发布特别上谕，反省储位之争，思考新的建储方案。五十六年十一月，清廷再起建储之议，康熙皇帝发布"十一月长篇谕旨"，阐述自己的秘密建储计划。然而其时准噶尔部入侵西藏，这打断了康熙皇帝的建储计划。直至康熙六十一年（1722）十一月康熙皇帝突然崩逝，储君大计仍未全定。皇四子雍亲王胤禛在朝野一片慌乱中宣布"克承大统"。雍亲王胤禛是遵康熙皇帝遗诏即位，抑或"矫诏篡位"，两百余年来成为清史上最大的历史谜团。

从即位之初，雍正皇帝即位的合法性就受到康熙皇帝诸皇子及大臣的质疑，且其深知储位之争所带来的深刻教训，于是在雍正元年（1723）八月便公开发布上谕，决定废弃公开建储旧制，实行择立储君的新方案——秘密建储。其方式是先由雍正皇帝将储君人选的名字"亲写密封，藏于匣内"，召集总理事务王大臣、满汉文武大臣、九卿在乾清宫西暖阁，当面宣布秘密建储事，并告诉诸大臣将密诏"置之乾清宫正中世祖章皇帝御书'正大光明'匾额之后，乃宫中最高之处，以备不虞"。随后，诸大臣退，仅留总理事务王大臣在场，一起见证将密封锦匣收藏在正大光明匾背后的过程。雍正皇帝又另书一份相同的密诏密封装于锦匣，"常以随身"，以便于其崩逝后两份密诏能够互证。

| 紫禁城乾清宫内景

雍正十三年（1735）八月，雍正皇帝崩逝于圆明园内。待皇帝梓宫回到紫禁城内，内侍将雍正元年藏于乾清宫正大光明匾额后的锦匣取下，等庄亲王允禄、果亲王允礼、大学士张廷玉、原任大学士鄂尔泰等一起进入乾清宫，当面启封、跪阅雍正皇帝密诏，曰：

> 宝亲王皇四子弘历秉性仁慈、居心孝友，圣祖仁皇帝于诸孙之中最为钟爱，抚养宫中，恩逾常格。雍正元年八月间，朕于乾清宫召诸王满汉大臣入见，面谕以建储一事，亲书谕旨，加以密封，藏于乾清宫最高处，即立弘历为皇太子之旨也。其仍封亲王者，盖令备位藩封，谙习政事，以增广识见，今既遭大事，着继朕登基，即皇帝位。

是年二十五岁的皇四子宝亲王弘历，成为清朝历史上第一位以秘密建储形式继位的皇帝，即乾隆皇帝。乾隆元年（1736）七月，乾隆皇帝按照秘密建储方式，亲书所立储君姓名密封锦匣后，在总理王大臣、总管太监等人的监督下置于"正大光明"匾额之后，并明发上谕宣布秘密建储事宜。然而，乾隆皇帝做出秘密建储的决定经过了"再四思维"的过程，因为他对"密建皇储"方式保有不同意见。他认为被册立的皇帝年幼，长大以后是否有所改变，均不可测，只有等"将来皇子年齿渐长，日就月将，识见扩充，志气坚定，万无骄贵引诱之习，朕仍应布告天下，明正储贰之位"。他在上谕中指出，之所以遵循皇考所创建的秘密建储的"成式"，"此乃酌权剂经之道，非谓后世子孙皆当奉此，以为法则也"。

据后来可知，乾隆皇帝此次秘密立的是时年七岁的皇次子永琏，系皇后富察氏所生。永琏被乾隆皇帝密立为皇储，一则其为皇后所生，系嫡出。乾隆皇帝与皇后富察氏的感情也十分深厚；一则是雍正皇帝在世时曾属意于"聪明贵重，气宇不凡"的皇孙永琏。乾隆三年（1738）三月，永琏突患疾病，不治身亡。这也证明了他曾经对秘密建储的忧虑并非多余。永琏夭折，秘密建储的密诏也就失去了意义，于是乾隆皇帝命人从正大光明匾额后取出密诏，当众宣布了曾立永琏为皇储的事实。出于对永琏及其生母富察氏的疼爱，乾隆皇帝要求以皇太子的礼仪为永琏治丧。永琏的遽然夭折，对乾隆皇帝打击很大。立储之事遂被暂时搁置。

乾隆九年（1744），皇后富察氏又育一子，取名永琮。乾隆皇帝出于对富察氏的深厚感情，永琮遂成为其密立皇储的人选。然而永琮还未及两周岁便因出痘夭折。接连两次痛失爱子，给乾隆皇帝和皇后富察氏带来巨大的打击。乾隆十三年（1748），乾隆皇帝将东巡，为让皇后尽快走出丧之痛，他带上了皇后一同上路。然而在返回京师的路上，皇后身染重病不治。相伴二十二载的富察氏的病逝，对乾隆皇帝来讲犹如致命性的打击。他将怒火洒向了在皇后丧仪期间"办事不力"、擅自剃发的众官员和"于孝道礼仪未克尽"、对皇位"妄生觊觎"的皇子们。同时，乾隆皇帝发布上谕，他将不再明立皇储，并明令禁止大臣们擅自奏立储君之事：

> 皇祖（康熙皇帝）时曾立皇太子，后因不可而止，遂不复立。皇考（雍正皇帝）时亦并未立皇太子，然于承大统之人，早经豫定。朕于他事即或不能效法皇祖、皇考，而效法之心实孜孜日勉焉。今满洲大臣内如有具奏，当于阿哥之内选择一人立皇太子者，彼即系离间父子，惑乱国家之人，朕必将伊立行正法，断不宽贷；汉大臣官员内或有舍死务名之人，谓"国家不可无皇太子以为表率"，饰忠具奏者，彼不过意存尝试。朕即照此办理。大学士等将此旨存记，阿哥书房亦着登记。

皇后富察氏病逝后两年，在众大臣的催促之下，乾隆皇帝册立皇贵妃那拉氏为皇后。乾隆三十年（1665），跟随乾隆皇帝南巡杭州的那拉氏突然自己剪掉头发，引得乾隆皇帝大怒。至此，那拉氏遂被乾隆皇帝冷落，次年忧郁成疾而逝。此后，乾隆皇帝不再册立皇后。这也让乾隆皇帝放弃了立嫡出皇子为储君的想法。

直至乾隆三十八年（1773），乾隆皇帝才再次提出密立储君。是年冬，乾隆皇帝按照密建皇储的"成式"，再次亲书密诏，密封装锦匣后藏于正大光明匾额之后。这一次，令贵妃魏佳氏所生皇十五子颙琰受到乾隆皇帝的垂爱。由于择选的储君接连夭折，乾隆皇帝秘密建储出现几次反复，也对秘密建储之制颇多微词，但他仍认为这一"我朝家法，实为美善"。此后嘉庆皇帝、道光皇帝、咸

道光帝秘密立储的密诏内文,其中写明"嗣皇帝率同御前大臣、满汉大学士、军机处大臣等阅看遵行"。

丰皇帝皆是在秘密建储的制度下继承皇位的。

秘密建储,有效避免皇子、大臣间的储位之争与党争,是对古代皇帝继承制度的一次重大创新。

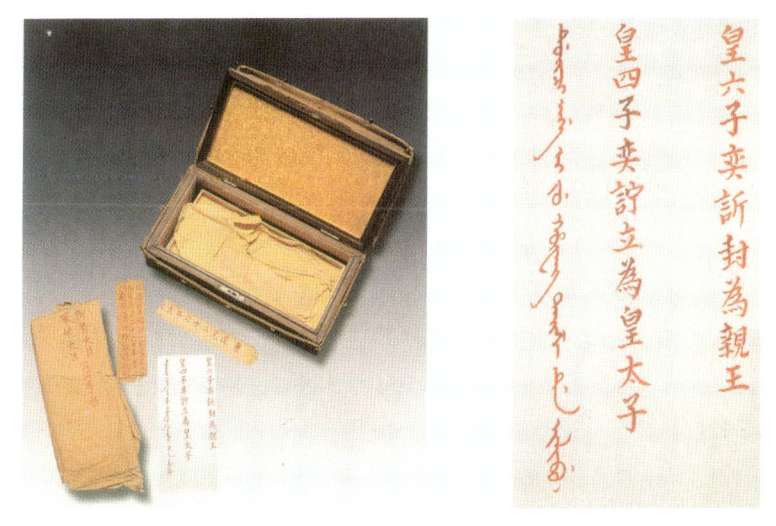

道光皇帝秘密立皇四子奕詝为太子的密诏及密函,较为特殊的是,密诏上还有封立皇六子奕䜣为亲王的诏令。

人物篇

"皇父摄政王"多尔衮

多尔衮（1612—1650），满洲人，爱新觉罗氏，清太祖努尔哈赤第十四子，清代杰出的军事家、政治家。明万历四十年（1612）生于赫图阿拉（今辽宁新宾老城），其生母为努尔哈赤大福晋阿巴亥。万历四十四年正月（1616），努尔哈赤在赫图阿拉城八角殿内称汗，建元天命，国号"大金"（史称后金）。阿巴亥晋升为"国母"。天命五年三月（明神宗万历四十八年，1620），努尔哈赤小妾告发大福晋阿巴亥与大贝勒代善关系暧昧。家丑不可外扬，努尔哈赤不愿将事件扩大，以阿巴亥盗取宫中珍贵金银、绸缎、蟒缎为名定罪，最终又虑及多尔衮、多铎年幼无人照顾，并未处死阿巴亥，仅将其"离弃"。一年后，努尔哈赤赦免阿巴亥，并将其重立为大福晋，合立多尔衮与多铎为一个和硕额真，同掌一旗。

清人绘多尔衮朝服坐像

天命十一年八月（明熹宗天启六年，1626），努尔哈齐因伤病故，引发储位之争。其时，代善、皇太极及多尔衮、多铎兄弟是汗位的最强有力竞争者。皇太极在取得代善等人的支持后，假托努尔哈赤"俟吾终，必令（阿巴亥）殉之"的遗言，强令阿巴亥殉葬。阿巴亥要求皇太极等以赡养、善待还未成年的两个儿子——多尔衮与多铎，并保留其所领牛录作为自己主动殉葬的条件。条件达成，阿巴亥殉葬。生母殉葬，为多尔衮与多铎争取了生存的权利，所领牛录的保持，也为多尔衮后来势力的兴起奠定了基础。是年九月，皇太极最终赢得汗位，改明年为天聪元年（1627）。同年，多尔衮被封为贝勒，开启了其政治、军事生涯。

天聪二年（1628），十七岁的多尔衮与弟弟多铎一同跟随皇太极西征察哈尔蒙古多罗特部。多尔衮因在战争中表现英勇被皇太极赐予"墨尔根代青"（即聪明睿智的统帅）的称号。此后数年间，多尔衮与多铎、阿济格三兄弟多次受命东征西掠，功勋卓著。

崇德元年（1636），因功晋封和硕睿亲王。受命先后征讨朝鲜、入关攻明，军功赫赫。崇德五年起，多尔衮作为主将之一参加了著名的松锦之战。山海关与锦州是明朝的东北门户，亦是满洲统治者夺取明朝中央政权的必经之路。明廷与清军均十分重视山海关与锦州的战略地位，双方屯重兵在松山与青山之间，展开长达两年的拉锯战。崇德五年，清军围攻锦州城并占领外城。为解锦州之困，明廷派时任蓟辽总督洪承畴率兵增援。崇德七年，清军设计切断明军军粮运输，攻破松山，俘获洪承畴。解围无望，锦州守将祖大寿率兵投降清军，史称"松锦大捷"。此役为清军进军关内进一步扫清了障碍。自天聪八年起，多尔衮多次作为统帅，率兵绥靖蒙古各部、征服朝鲜，多次绕过山海关掳掠明朝。在此过程中，多尔衮充分展示了其出众的军事才能，并积累了丰富的军事经验和卓著的军功，从而奠定了多尔衮的政治地位。

崇德八年（1643）八月初九，皇太极突然病逝，"诸王兄弟相争为乱，窥伺神器"，引发汗位继承之争。在众多竞争者中，睿亲王多尔衮因赫赫军功成为最有力的竞争者，与其可抗衡者则是皇太极长子肃亲王豪格。其时，多尔衮同父同母的兄弟英亲王阿济格、贝勒多铎（崇德四年，因事降为贝勒）则共同支持多尔衮即大汗位。

在议政殿外甚至出现各派势力"张弓挟矢，环立宫殿"的紧张局面。经过一番政治较量，睿亲王多尔衮从国家大局出发，联合郑亲王济尔哈朗（清太祖努尔哈赤之弟舒尔哈齐之子）提议皇太极第九子、年仅六岁的福临即帝位，改明年为顺治元年。多尔衮与济尔哈朗共同辅政，成为摄政王，执掌军政大权。顺治元年（1644）九月，福临由沈阳进京，诏令天下入主中原，成为清朝入关后的首位满洲皇帝——顺治帝。

明崇祯十七年（1644）初，李自成领导的农民起义逐渐形成大气候，并在西安称王，建国号"大顺"，改元永昌，史称大顺政权。是年二月，李自成率领起义军北上，一路上大顺军势如破竹，明朝守军多望风而逃，不战自降。面对关内政治格局的急遽变化，清朝统治者也在积极调整战略。其时，在汉大臣范文程等人看来，"此正欲摄政诸王建功立业之会也"。范文程等人的条陈让多尔衮看到了实现满洲"直取北京"、建立全国性政权的政治宏愿，很快便决定南下"伐明"。

三月中旬，起义军兵临北京城城下，崇祯皇帝自缢于煤山（今景山），城破，明王朝覆灭。消息传至后金，多尔衮采纳明朝降将洪承畴建议：改"伐明"为清除"流寇"（李自成起义军）的战略。此时，山海关守将、明总兵吴三桂的向背成为李自成能否完全夺取皇位的关键因素。在多次谈判交涉后，吴三桂决定归顺起义军。不久，发生吴三桂在京师的家人受到起义军凌辱的事，吴三桂遂以此为由拒绝归顺。李自成决定举兵围攻山海关。不久，多尔衮接到明朝山海关守将、总兵吴三桂请求满洲出兵协助报其"君父之仇"、重振明室的信函，信中吴三桂许给多尔衮巨额财富与领土分割的许诺。天赐良机，多尔衮决定乘机南下，打出率"仁义之师""吊民伐罪"的旗号，与吴三桂共同清除"流寇"。四月二十一日，起义军至山海关，重炮轰击山海关，并与明军展开激战。多尔衮率军至城下却作壁上观。吴三桂只好亲自率众出城迎接清军入城。多尔衮精心谋划，兵分三路进攻起义军，而起义军由于摆兵布阵出现严重战略失误（战线过长），加之当日"大风迅作，尘沙蔽天，咫尺莫辨"，起义军被各个击破，李自成遂下令撤军，返回北京城。李自成深知无法在北京立足，遂急匆匆在紫禁城武英殿举行登基大典，次日便以祭天为名悄悄撤出北京，转回西安。五月初二，多尔衮率清军进入北京城。在汉大臣范文程等建议下，多尔衮发布多道布告以安民心，稳定北京秩序。并践行帮助汉人报"君父之仇"的诺言，下令厚葬崇祯帝及后妃、公主等人。

其时，对大清国是否迁都北京还存有诸多争议。多尔衮从大局着眼，力排众议，决定迁都北京。是年九月，福临率众进京。十一月初一，在太和门诏告天下，即皇帝位，纪元顺治，成为清入关后的第一位皇帝。不久，清廷以多尔衮"硕德丰功"，加封为"叔父摄政王"，赐册宝，赏赐金银无数。随后，多尔衮开启了长达七年的摄政。顺治二年（1645），顺治皇帝加封多尔衮"皇叔父摄政王"称号，以表示对其权力的认可。五年，又加封其"皇父摄政王"称号。在摄政期间，多尔衮坚持"参金酌汉""以汉制汉"的政治战略，逐步创建起清朝的各项制度，为巩固满族统治奠定了基础。与此同时，多尔衮走到人生权力的顶峰。

顺治七年（1650）年底，在塞北狩猎的多尔衮跌伤，十二月初九，薨于喀喇城（今河北承德市郊），年仅三十九岁。消息传至京城，朝野震惊，顺治皇帝"震悼"，谕令"臣民易服举丧"。及多尔衮灵柩运至京城，顺治皇帝亲率诸王、贝勒、文武百官易缟服（白色丧服）出迎于东直门外五里，顺治皇帝亲奠、痛哭不已，各官员伏在道路左侧举哀。自东直门至玉河桥，四品以下各官全部在道路两侧跪哭。至摄政王府邸，公主、福晋以下及文武官命妇俱缟服于大门内跪哭。当晚，诸王、贝勒以下及各官全部守丧。二十日，顺治皇帝颁布诏书，要求皇父摄政王多尔衮"丧仪合依帝礼"操办。次年正月，追尊多尔衮为诚敬义皇帝，庙号"成宗"。然而二月十五日，苏克萨哈、詹岱首告多尔衮"篡谋大位"，同时，以郑亲王济尔哈朗为首的内大臣们纷纷上奏，追究多尔衮僭越、"谋篡"等罪。顺治皇帝诏令削除其所有爵位，撤销皇帝封号，撤出庙享，财产入官，先后派人前往摄政王府，将所有信符、赏功册等收回收进大内。顺治八年（1651）正月，十七岁的顺治皇帝在太和殿宣布亲政。

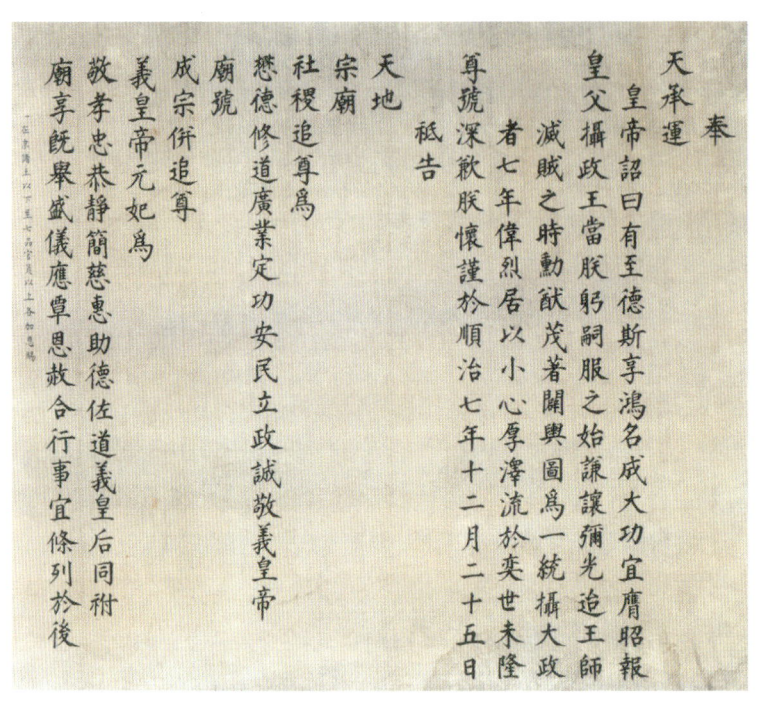

顺治八年正月，顺治皇帝亲政诏书

乾隆四十三年（1778），乾隆帝为多尔衮平反，认为多尔衮"定国开基，以成一统之业，厥功最著"，系被苏克萨哈等"诬以谋逆"而削爵。于是复追多尔衮睿亲王爵（由其五世孙淳颖承袭爵位），并配享太庙，重修坟墓。

"十全老人"、太上皇乾隆

乾隆皇帝名弘历，爱新觉罗氏。雍正皇帝第四子。康熙六十一年（1722）三月，康熙皇帝受皇四子胤禛之邀，至其府邸圆明园赏花，首次得见胤禛第四子弘历。聪颖的弘历让康熙皇帝十分钟爱，命将其送至宫中养育。此为弘历"承恩之始"。是年夏，康熙皇帝携弘历等赴木兰秋狝，年幼的弘历临危不乱，"控辔自若"，协助康熙皇帝枪噎猛熊，得到康熙皇帝的褒扬："是命贵重，福将过予，恩鉴之神灼然。"是年十一月，康熙皇帝因病驾崩于畅春园，遗诏以皇四子、雍亲王胤禛承继大统，是谓雍正皇帝（"遗诏"之真伪引发至今悬而未决的雍正皇帝继位之谜)。自两次废黜胤礽太子之位后，康熙皇帝晚年一直没有确定太子之位的人选，并数次重罚提议择立太子的大臣，但他并未停止私下里对皇子们的考察。有学者认为，种种迹象表明晚年的康熙皇帝最钟情于皇十四子胤祯（胤祯即帝位后援避讳之例，将诸皇子名中的"胤"字改为"允"字，"胤祯"与其胤禛同音，故让其改名为允禵)，然康熙"遗诏"中让皇四子胤禛即帝位，此完全得益于康熙皇帝对弘历的喜爱。雍正元年（1723）八月，雍正皇帝首创秘密建储之制，亲写储君姓名密封装入锦匣，当着王公大臣面藏在正大光明匾后。雍正皇帝写在密函上的人便是弘历，未来的清高宗乾隆皇帝。雍正十一年，弘历受封和硕宝亲王。十三年八月，雍正皇帝于圆明园驾崩，九月初三日，宝亲王弘历在太和殿即帝位，次年改元乾隆。

老年乾隆皇帝朝服坐像

乾隆帝在位凡六十年，文治武功。政治上整饬吏治，厘定典章制度。经济上奖励垦荒，兴修水利。军事上"开疆拓宇，四征不庭"，成就自诩的"十全武功"。（乾隆帝曾将其统治时期所进行的十次重大战役称为"十全武功"，并作《御制十全记》一篇以纪之，其中曰："十功者，平准噶尔为二，定回部为一，扫金川为二，靖台湾为一，降缅甸、安南各一，即今二次受廓尔喀降，合为十。"）文化上稽古右文，纂成巨帙《四库全书》等。在他统治前中期，全国呈现出一幅繁荣之势。晚年的乾隆帝秉持"持盈保泰"治国理念，开始意骄志满，倦怠朝政，宠信和珅等人，致使吏治败坏，弊政丛出，贪污盛行，危机四伏。乾隆六十年（1795），乾隆帝禅位皇子颙琰，以次年为嘉庆元年。乾隆帝虽名曰归政，然又以太上皇帝身份临御三年。嘉庆四年（1799）正月初三，乾隆帝崩于养心殿，时年八十九岁。庙号高宗，葬于河北遵化清东陵之裕陵。

| 乾隆皇帝《御制十全记》

在位期间，乾隆帝以"法祖"之名，凡六次南巡、五次巡幸五台山、五次告祭曲阜、七次谒三陵、多次东巡盛京、热河。"南巡"是乾隆帝统治时期的重大事件。乾隆帝曾作《御制南巡记》曰："予临御五十年，凡举二大事，一曰西师，二曰南巡。"

雍正十三年（1735）九月初三，弘历临御天下，是为乾隆皇帝。当日，乾隆皇帝焚香告天，曾发下这样的宏愿："昔皇祖（康熙皇帝）御极六十一年，予不敢相比，若邀穹苍眷佑，至乾隆年乙卯，予寿跻八十有五，即当传位皇子，归政退闲。"即帝位立即定下退位之日，此举在中国历史上实属罕见。乾隆皇帝做出此举，实质上出于其内心对皇祖父康熙皇帝的敬慕、尊崇。作为清朝中央政权的第二任统治者，以冲龄即帝位的康熙皇帝执政六十一年（八岁即位，十四岁亲政），期间文治武功，削平三藩之乱、收复台湾、平定噶尔丹叛乱、雅克萨抗击俄罗斯，其成就斐然。乾隆皇帝以在位时间不敢"僭越"皇祖父康熙皇帝，体现其对康熙皇帝发自内心的敬重。其统治理念也多标榜"法祖"（多指康熙皇帝），处处以康熙皇帝为标杆。

清人绘《乾隆皇帝戎装骑马像》（又名《乾隆皇帝大阅图》）

清制：皇帝大阅，每三年一次。大阅时，皇帝须全副武装，检阅八旗火器营、鸟枪营、前锋营、侍卫营等诸兵种操演。乾隆四年（1739），乾隆皇帝在京城南苑皇家练武场检阅满、蒙、汉八旗军队。乾隆皇帝头戴金盔，身穿铠甲，骑在骏马上，精神焕发，神情庄重，展现出青年皇帝的威严与自信。时年乾隆帝二十九岁。

乾隆皇帝二十五岁即帝位，将自己的在位时间定为不超过康熙皇帝的六十一年之期，大有人生三百年的自信。但他也经常会透露出对在位六十年是否能够实现的不自信来。"设或七旬、八旬以后神志稍衰，不能似今之精勤求治，亦不肯贪天位以旷天工，且历代帝王享位四五十余年而归政者，实所罕觏，朕非不知足者，又何必定以六十年为期乎？"乾隆三十七年（1772），乾隆皇帝谕令"预葺宁寿宫，为将来（自己）优游颐养"之所。自次年开始，紫禁城东北角陆续开始营建皇极殿、宁寿宫、养性殿、乐寿堂、颐和轩、花园等建筑。其中养性殿完全仿照养心殿建成。乾隆帝为其题句："养心期有为，养性保无欲。有为法动直，无欲守静淑。"凡此种种，似乎都表明了乾隆皇帝不想贪恋皇权，开始做归政、归养的准备。

做好了归政的准备之后，乾隆皇帝开始认真着手储君的问题。早在即位之初，乾隆皇帝便按照其父雍正皇帝确立的"秘密建储"法，秘立嫡长子永琏（孝贤皇后生，皇次子）为储君，并缄其名藏于乾清宫"正大光明"匾后。然而两年后，永琏早殇。此后，嫡出皇七子、皇长子等先后早夭，乾隆皇帝不再关注议立储君事。乾隆三十八年（1773），乾隆皇帝在经过一番权衡之后，在可供选择的四位皇子中选择了皇十五子颙琰，秘立为太子。在乾隆皇帝的内心里，资质平庸的皇十五子颙琰并非储君的最佳人选。这年冬天，乾隆皇帝带众皇子至南郊天坛祭祀，"以书立皇子（太子）之名，默祷上帝"：若皇十五子颙琰"其人贤能，承国家洪业，则祈佑以有成；若其不贤，亦愿潜夺其算，毋使他日贻误，予亦得以另择元良"。虽然乾隆皇帝对此做出了解释："朕非不爱己子也，然以宗社大计，不得不如此。惟愿为天下得人，以继祖宗亿万年无疆之绪"，但其心迹已经表露无遗。

乾隆六十年（1795）九月，乾隆皇帝宣布即将传位皇十五子颙琰，并于次年正月初一举行禅位大典。同时，又颁布谕旨："朕于明年归政后，凡有奏缮事件，俱书太上皇帝，其奏对著称太上皇。"此间，乾隆皇帝突然表现出对皇权的留恋，多次在不同场合、不同谕令中表达出自己对行政权力的保留："朕归政后，凡遇军国大事及用人行政诸大端，仍当躬亲指教。嗣皇帝朝夕敬聆训谕，将来知所秉承，不致错失。"并对作为太上皇的自己与新君之间的权力做

| 太上皇帝之宝，四周刻题乾隆皇帝《自题太上皇帝之宝》御制诗文

了界定：乾隆皇帝继续保留"朕"的自称；恭遇太上皇庆节，称"万万寿"，嘉庆皇帝庆节，称"万寿"；题奏行文凡遇"太上皇帝"抬三格写，"皇帝"抬二格写；嘉庆皇帝册立皇后，应请太上皇帝敕旨。乾隆皇帝继续保留对国家行政、军事大员的升迁、废黜的权力。官员题本、奏章的批阅权力，乡会试、殿试、朝考散馆及一切考试权，祭祀、耕耤、大阅、传胪等象征皇权的典礼权交由新君办理。乾隆皇帝还为自己镌刻了一方"太上皇之宝"，作为"训政"的依据。

嘉庆元年（1796）正月初一，太和殿，太上皇乾隆御太和殿，举行帝位授受大典，亲授皇帝之宝玺给颙琰。为表示慎重，太上皇乾隆再次暗示了自己的"训政"权力："凡军国重务，用人行政大端，朕从未倦勤，不敢自逸。"授位大典之后不久，太上皇乾隆帝在召见朝鲜、安南、暹罗等国使臣时，曰："朕虽归政，大事还是我来办。"此后一段时间内，太上皇乾隆多次表达了自己"归养"不"归政"的理念，也以实际行动捍卫"训政"权力。

前文已经叙及，在决议归政之时，乾隆皇帝就谕令营建归政之所——宁寿宫等建筑，然而归政后，乾隆皇帝并不想移出已经居住

六十年的养心殿。新君嘉庆皇帝只好仍旧居住在太子居所——毓庆宫。按惯例，改元之后，国家一切诏令、颁朔、计时均按新皇帝年号纪元。但太上皇乾隆与大臣们想出了内外不一的纪元方式，即对外颁朔等以新君年号"嘉庆"纪之，皇宫内仍旧以太上皇年号"乾隆"纪之，因此宫内纪年一直持续至"乾隆六十四年"。改元之后，"乾隆通宝"仍旧在京师宝泉、宝源二局与"嘉庆通宝"并行铸造。

太上皇乾隆曾作诗云："虽云归政仍训政，两字心传业与兢。""归政仍训政"是嘉庆初年国家权力运行的基本机制，一直延续到乾隆皇帝崩逝为止。统治六十年后"归政"，这是乾隆皇帝最初为了敬慕皇祖父康熙皇帝，而向天地发出的宏愿，表面上不可不遵行。最终实行"归政仍训政"之策，则说明了乾隆皇帝对皇权的留恋，不愿轻易交出国家权力，以约束嘉庆皇帝，避免对自己造成威胁。"自丙辰元日授玺，心愿符初，迄今已阅三年，而训政敕几，仍未敢一日稍懈"，则让我们又看到了一位老皇帝的勤政。

"归政仍训政"玺

此为乾隆归政之后为自己定制的玺印，作为太上皇时期合法权力的象征。

"和珅跌倒,嘉庆吃饱":嘉庆皇帝与和珅

乾隆皇帝即位之初,一改其祖宽父严之政,实行"宽严相济"之策,整顿吏治,发展农业经济,平复各处倡乱,国力空前强盛,清朝国家进入全盛时期。但在其统治后期,乾隆皇帝渐生骄奢之念,政治上力主"持盈保泰"之策,朝政倚重于敏中、阿桂、和珅等大臣,尤宠和珅,致使国家吏治败坏,贪污盛行,弊政丛生。

和珅(1750—1799)原本为满洲正红旗人,曾为咸安宫官学生。乾隆三十四年(1769),年仅十九岁的和珅以生员身份承袭三等轻车都尉世职。其因精明敏捷而颇得乾隆帝赏识,官职累迁。乾隆三十七年(1772),授銮仪卫侍卫,旋授三等侍卫,挑补黏杆处。四十年(1775),授乾清门御前侍卫,兼满洲正蓝旗副都统。四十一年内,年仅二十五岁的和珅先后升军机大臣、内务府大臣、镶黄旗副都统、总管内务府三旗,并赐赏在紫禁城骑马,入正黄旗旗籍。自这年始,和珅"宠任冠朝列矣",开始了他平步青云的宠信生涯。

和珅画像,出自《御制平定台湾二十功臣像赞》

关于和珅深得乾隆皇帝的宠信之原因，历史文献记载不一而足。

和珅先后执掌吏部、户部、兵部、理藩院等帝国核心部门，还先后充任方略馆总裁、《四库全书》馆总裁官、经筵讲官、国史馆总裁官、文华殿大学士。乾隆四十五年，更是成为议政王大臣，并与乾隆帝结为儿女亲家（乾隆皇帝第十个女儿固伦和孝公主，嫁给和珅之子丰绅殷德为妻）。纵观和珅升迁之路，实前所罕见。和珅之所以能得乾隆皇帝的宠信，一则与其较高的个人素养有关，乾隆五十八年（1793），英国使臣马嘎尔尼对他有这样的描述："（和珅）容貌端重，长于语言，谈吐隽快纯熟。""无一时不注意于礼节，无一时不保守其大臣之威仪。"和珅精通满、汉文字，又通晓蒙、藏语文，加之精明敏捷，很难不被皇帝宠信；二则，晚年的乾隆皇帝政治上行"持盈保泰"之治国理念，为平衡朝中满汉大臣，培植心腹专权自所难免。和珅先后执掌帝国人事、财政、司法、军事诸权，专擅弄权，排除异己，贪污成瘾。

嘉庆元年（1796），乾隆皇帝将皇位禅让给皇十五子颙琰，其摇身一变成为太上皇。和珅继续受到太上皇的宠信，调任正黄旗领侍卫内大臣，兼任镶黄旗满洲都统。次年，和珅又管理刑部，仍兼理户部。嘉庆三年（1798），在乾隆皇帝的授意下，和珅充赞襄朝务大臣兼管吏、户、刑三部事务，晋封一等嘉勇公，成为名副其实的清朝第一大臣。其时，随着太上皇乾隆年岁的增高，"昨日之事，今日辄忘；早间所行，晚或不省"，还经常出现口齿不清的情况，嘉庆皇帝及朝臣们很多时候均听不懂太上皇的言语，只有日日服侍在侧的和珅能够知晓乾隆所言。一时间，和珅成为太上皇的代言人，朝野上下人们私下里称和珅为"二皇帝"。

和珅则趁乾隆对自己信任和倚重的机会，开始暗自培植自己的势力，结党营私。除把控户部外，他还经常干涉军机处，经常向太上皇乾隆瞒报白莲教战事实情。这也引起了嘉庆皇帝及朝臣们的不安。

和珅是一个非常精明的人，他从自己的利益出发，对嘉庆帝采取示好、邀功和示威、弹压的策略。乾隆六十年九月初三日，乾隆皇帝昭告天下皇十五子永琰为皇太子，并将于次年正月举行传位大典（乾隆皇帝将永琰改名为颙琰）。而在此之前，和珅已经从乾隆

嘉庆皇帝朝服坐像

皇帝处得知了永琰被秘立为皇太子。故作聪明的他在此前一日前往永琰府，呈上精心准备的"玉如意"，想以此向永琰暗示其有拥戴册立之功。嘉庆三年（1798）春，嘉庆帝谕令决定，按照清朝皇帝"大阅"礼制度，在本年冬季举行首次"大阅"礼（清制皇帝大阅，每三年一次。大阅时，皇帝全副武装，检阅八旗火器营、鸟枪营、前锋营、侍卫营等诸兵种操演）。然而，和珅为向嘉庆皇帝展示其权威，以镇压白莲教八旗军队不能按时返回京师为由，最终让太上皇乾隆做出"本年大阅着暂行停止"的决定。"聪明反被聪明误"，和珅的所作所为已经让自己陷入危险之中，因为"太上皇帝信之愈深，（嘉庆）皇帝恨之愈切；太上皇帝愈以为功高，（嘉庆）皇帝愈以为罪大"。"不除和珅则祸害无已，欲除和珅则投鼠伤器"。为博取太上皇的欢心、保住皇位，嘉庆皇帝对和珅的示威没有针锋相对，而是采取了隐忍的态度。因为嘉庆皇帝在等待时机。

嘉庆四年（1799）正月初三，太上皇乾隆崩逝。嘉庆皇帝亲政，开始整饬内政，整肃纲纪。正月初四，嘉庆皇帝将矛头直指和珅，"勿谓幼主可欺也"。正月初八，在嘉庆皇帝的授意下，江南道御史广兴、给事中广泰、王念孙等参奏和珅弄权舞弊、僭妄不法等罪，嘉庆皇帝旋发谕旨，以擅权、贪污、违制等二十项罪状罢黜、囚禁和珅。随即对和珅党羽展开打击，如将已于嘉庆元年卒于军中的和珅胞弟和琳革去公爵，撤出太庙；和珅之子、乾隆皇帝驸马丰绅殷德，仅留伯爵承袭，且责令其在家闲住，不准出外"滋事"；逮捕和珅同党福长安下狱，夺爵籍家产，议斩立决（后嘉庆皇帝命改为"斩监候"，发往盛京披甲当差），并让其跪视和珅自尽，斥退其儿子锡龄侍卫职；大学士苏凌阿、太仆寺卿李云光以原品休致；将和珅"私人"、左都御史吴省钦革职，打回原籍；和珅的师傅、侍郎吴省兰降为编修。此外，籍没和珅家奴刘全借和珅之势招摇受贿等所得财物，发往黑龙江索伦官兵为奴，永不赦免。

除查抄、籍没和珅家产外，如何处理和珅？其实嘉庆皇帝早已有安排，即处死和珅。但为使自己获得朝野诸臣的支持，他还是有模有样地发布谕令，让"在京文武三品以上官员并翰詹科道悉心妥议具奏"，"各督抚将指出和珅各款应如何议罪并此外有何款迹各行据实迅速覆奏"。很快，在京文武官员、各处督抚等员均认为和珅"罪无可逭"，主张应"立置重典"。嘉庆皇帝亦一再申明："朕若不除和珅，天下之人只知有和珅，不知有朕，实出于万不得已。""此人不除，天下人心不正，所以必行，后世自有公论。"为尽可能挽回其父乾隆皇帝之颜面，正月十八日，嘉庆皇帝最终谕令赐和珅自尽。

和珅下狱后，嘉庆皇帝命人查抄其在京家产，抄查出巨额钱财，且"京中住屋多有僭妄逾制者"。关于和珅家产之数量，一直是清代历史上的谜案，论者不一而足。这是因为各类文献及所谓"清单"记载不一，有"清单"记籍没和珅家产"总共银五千四百余万两，珍物除外"；有"清单"记为"银九千四百余万，金五千八百余万；玉器作价七千万，珊瑚等作价一百三十万"；薛福成《庸盦笔记》中"查钞和珅住宅花园清单"披露的和珅家产"共计有一百零九号，内有八十三号尚未估价……已估者二十六号，合算共计银二万二千三百八十九万五千一百六十两……"，即两亿两白银；清人徐珂撰《清稗类钞》中记载：嘉庆皇帝籍没和珅家产"所得凡值八百兆有奇，悉以输入内府，时人为之语曰：'和珅跌倒，嘉庆吃饱。'"有人按"百万之兆"之说，换算"八百兆"当值八亿两白银。以上所谓"清单"多不可信，正如薛福成自己所讲：籍没和珅家产事件已经"事隔九十余年，见闻已歧异"，况且他的所谓"清单"也是"世俗传钞之本"。目前我们没有足够的证据估算和珅的家产数额，但从一些上谕、奏折档案中的片段记载，可对其有一个宏观的蠡测和把握，以下试列举一二：

> ……伊家所藏珠宝内珍珠手串二百余串，较之大内多至数倍，并有大珠较御用冠顶尤大，其大罪十五；宝石顶并非伊应戴之物，所藏真宝石顶数十余个，而整块大宝石不计其数，且有内府所无者，其大罪十六；家内银两及衣物等件数逾千万，其大罪十七；且夹墙藏金二万六千余两，私库藏金六千余两，地窖内并有埋藏银两百余万，其大罪十八；附京通州、蓟州地方均有当铺钱店，查计赀本又有十余万，以首辅大臣与小民争利，其大罪十九……
>
> 由提督衙门交到查抄和珅家产案内，二两平纹银九十六万两，杂色元宝银六十八万两，色银（即次银）一百三十七万四千九十五两三钱三分，以上共银三百一万四千九十五两三钱三分，随即饬令广储司银库官员弹兑查收。现据该库官呈称：所有前项钱两逐一弹兑，数目俱属相符，已照例按库法弹兑，共得库平银二百八十三万三千二百四十九两六钱一分。

民间传言和珅家查抄共得白银从两亿两到八亿两，皆不可考，亦不足以信。其实即使是处于乾隆鼎盛时期，清朝国库每年收入也仅白银七千万两之多，和珅凭借一己之力实难以敛得如此巨额财富。再者，如此巨额财富收入国库，自然能使国库充盈，嘉庆朝也不会是清朝走向衰落的开始了。其时民间以"和珅跌倒，嘉庆吃饱"之语形容嘉庆皇帝扳倒和珅的意义，表面上似形容财富，其实背后更多地则是"和珅跌倒"之后对嘉庆皇帝的政治意义。在惩办和珅及其亲信的同时，嘉庆皇帝诏求直言，广开言路，"中外陈奏直达朕前，不许副封关会军机处"，意在力图扭转乾隆皇帝执政后期诸多弊政，史称"咸与维新"。

和珅府（今恭王府）花园湖心亭旧址

政治篇

天子巡狩：康熙、乾隆的南巡

巡狩又称巡幸，始自夏商周时期，是一种重要的礼仪活动，历代皇帝均奉为重要礼制，皆仿行之。清代巡狩活动颇多，尤以康熙、乾隆二朝为最多，此中又尤以二帝南巡最负盛名。

康熙皇帝先后平三藩之乱、收复台湾，国家政治渐次升平。康熙二十三年（1684），朝臣奏请"仿古帝之巡狩，以勤民事"。康熙皇帝由此揭开了有清一代皇帝南巡的序幕。二十三年九月，康熙皇帝携宫眷、朝臣大吏、侍卫、匠役等员出京城，踏上南巡江浙之路。康熙皇帝南巡途经黄河，视察黄河北岸险要之地，商讨补防工程。最后南巡至江宁，拜谒明孝陵。二十八年（1689）正月，康熙皇帝开启第二次南巡，先后临阅河工；赴浙江绍兴，拜祭大禹陵并亲制祭文，行九叩礼；至南京康熙皇帝再次亲自拜谒明孝陵。三十八年（1699）正月，康熙皇帝决定第三次南巡，二月由京师启銮，一路阅视黄河河堤情况，先后在杭州、江宁举行大阅兵，以检查八旗骑射技能。四十一年（1702）九月，康熙皇帝第四次南巡，然而当行至山东德州时，由于皇太子胤礽患病，康熙皇帝不得不停止南巡，匆匆回京，但他仍命人整修大禹陵。四十四年（1705）二月，康熙皇帝第五次南巡，仍以巡视黄河工程为要务，在苏州命择选擅书的举人、贡生等入京修书。四十六年（1707）正月，康熙皇帝第六次南巡，也是最后一次南巡，仍以巡阅黄、淮河政为要务。

乾隆皇帝即位后，向以"法祖"自居，在位期间亦行六次南巡江浙之举。乾隆十六年（1751）正月，乾隆皇帝以奉皇太后之命为由开启首次南巡，其效法皇祖康熙皇帝南巡，从京师起銮，经德州，渡黄河，乘御舟沿运河南下，经镇江、无锡、苏州、嘉兴、杭州，渡钱塘江最终到达绍兴。一路上视察黄淮河政、检阅驻防八旗、祭祀大禹陵、拜谒明太祖陵等。乾隆二十二年（1757）正月，乾隆皇帝第二次南巡，同前次路程，在苏州皇太后临视苏州织造局织造

《康熙南巡图》（局部）

康熙二十八年（1689），第二次南巡结束，康熙皇帝谕令征召画家将此次南巡沿途之盛景绘制成图，并任命曹荃（时任江宁织造曹寅之弟）任"《南巡图》监画"。最终以其时江南画坛领袖王翚为主持，著名画家冷枚、杨晋、王云、宋骏业、徐玫、虞沅、吴芷、顾昉等人参与绘制。《康熙南巡图》全图十二卷，"阅六载而告成"。

目前，十二卷图已不复完整，尚存九卷，且散佚各处。其中第一、九、十、十一、十二卷藏于北京故宫博物院；第二、四卷藏于巴黎吉美博物馆；第三、七卷藏于纽约大都会艺术博物馆。

机房，在杭州检阅水师操演。二十七年（1762）正月第三次南巡，此次南巡除了阅视河工、祭祀之外，还特地督察海宁海塘工程。自此起每次南巡，督察海塘成为新增的事项。三十年（1765）正月、四十五年（1780）正月、四十九年（1784）正月分别进行了后三次南巡江浙，所行政务基本与前同（最后一次因乾隆皇帝年事已高而未亲赴阅视河工）。

康熙、乾隆皇帝先后南巡江浙，除"艳羡江南"美景，游历、祭祀名山大川之外，其主要目的在二：了解民情、吏治，视察黄、淮河防工程与漕运；笼络江南士商，安抚民心，平息反清情绪。河政是清代最为重要的政治之一，主要是指视察黄河、淮河河防工程及浙江海塘等水利工程。清初，黄河水患频仍，沿岸河南、安徽、江苏、山东等省农业惨遭毁灭，且严重威胁漕粮运输的安全（每年有数百万斤的粮食从江南富庶之区运往京城，以供宫廷贵胄、京

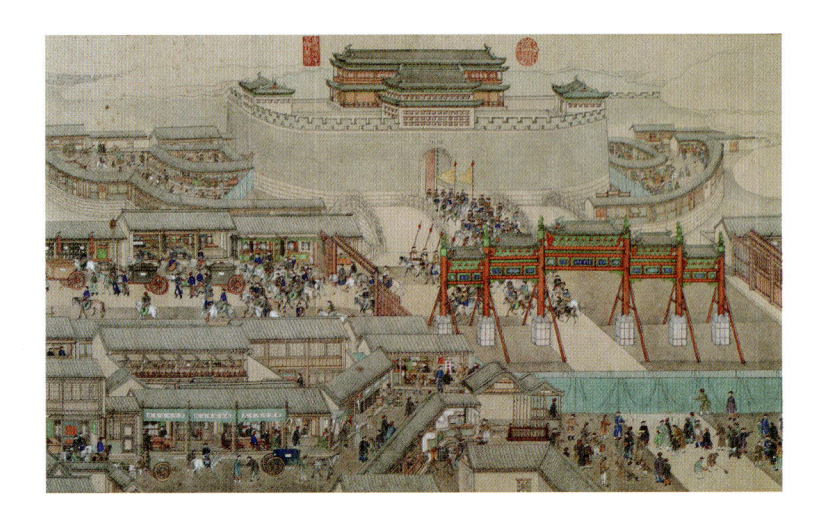

《乾隆南巡图》

《乾隆南巡图》亦为十二卷,描绘的是乾隆十六年(1751)乾隆皇帝首次南巡时的情景。首次南巡,乾隆皇帝"眺揽山川之甲秀,民物之丰美",为南方风物、世情所动,诗兴大发,一路上写就520余首御制诗。乾隆二十九年(1764),乾隆皇帝从中挑选出《恭奉皇太后南巡启跸京师近体言志》《过德州》《渡黄河》《恭依皇祖览黄淮诗韵》等诗十二首,令徐扬等宫廷画师"以御制诗意为图",依前后次序分别绘制成卷,以示纪念其首次南巡之典。绘制工作历时六年而成,此为绢本《乾隆南巡图》。乾隆三十六年(1771),乾隆皇帝再次命徐扬等重绘《乾隆南巡图》,历时五年成纸本《乾隆南巡图》。

绢本《乾隆南巡图》早已散佚,分别度藏海内外博物馆及私人珍宝厅,目前仅知其中六卷的藏处。其中第九、十二卷藏于故宫博物院,第三卷藏于法国尼斯市魁黑博物馆,第四卷藏于纽约大都会艺术博物馆,第十卷藏于巴黎吉美博物馆,另有一卷由法国某收藏家收藏。如今,只有纸本《乾隆南巡图》十二卷完整地收藏在中国国家博物馆。此外,中国国家博物馆还藏有两件《乾隆南巡图》稿本。

官八旗等需用)。"南巡之事莫大于河工",康熙皇帝南巡期间,每次都亲赴河防治理现场,"亲乘小船,不避水险",遍阅河工,探究河患原因,并常与河臣等一并商酌、部署治理方案,或疏泄、或筑坝,因时制宜择选治河方案。在康熙皇帝亲自督率之下,黄河下游治理取得显著成效,"二十年间无大患"。乾隆皇帝亦效法皇祖康熙皇帝,阅视黄河、淮河时亲赴现场,并常远赴黄、淮河水交汇处勘察水情,亲自部署应疏、应筑工程,并责成地方官员及河道官员各专其事。康熙、乾隆二帝南巡期间多次亲临阅视河工,现场分析、决策，督促治理黄、淮河，对保护黄、淮河两岸的生民与农业生产有重要的意义。钱塘江连接东海，海潮经常逆江倒灌，给浙江钱塘至江苏金山的安全造成很大的威胁。向来"浙省以海塘为首务"，康熙、雍正时期就已十分重视修筑海塘工程。乾隆皇帝南巡期间曾四次亲赴海宁阅视、查勘海塘工程，权衡利弊，因地制宜修建了大量的柴塘、石塘，为江南地方的安全筑起了一道屏障。此外，乾隆皇帝督促清理已经日益干涸、围垦成田的杭州西湖，令当地民众还田归湖，既保证了附近数千顷农田的灌溉，又保护了千年文化遗产。

康熙、乾隆二帝南巡也带来了负面的影响。每次出巡，队伍浩浩荡荡，出入各省境几乎扰动全省文武官员，迎来送往，兴师动众，花费十分惊人。每次出入各省，皇帝都要赐赏扈从王公大臣、地方文武官员、休致大臣、命妇等财物、酒宴等。每次南巡，康熙、乾隆皇帝虽多次命令禁止奢靡铺张，严禁各处行宫陈设古玩器物，但地方官员为讨皇帝欢心，都积极贡献土特产，各处搜求、商借古旧书画名迹、贵重端砚、瓷器等物。关于康熙皇帝南巡之奢靡，出身江宁织造曹寅家的曹雪芹的小说《红楼梦》中，贾府老佣人赵嬷嬷向我们回忆她亲眼所见贾府接驾事：

> 王熙凤："说起当年太祖皇帝仿舜巡的故事，比一部书还热闹。我偏没造化赶上。"
>
> 赵嬷嬷："嗳哟哟，那可是千载希逢的！那时候我才记事儿，咱们贾府……只预备接驾一次，把银子都花的淌海水似的！说起来……"
>
> ……
>
> 赵嬷嬷："嗳哟哟！好势派！独他家（甄家）接驾四次。若不是我们亲眼看见，告诉谁谁也不信的。别讲银子成了土泥，凭是世上所有的，没有不是堆山塞海的，'罪过''可惜'四个字竟顾不得了。"

南巡开支浩繁，一些朝臣以应节俭为由对此也有过反对意见，均被驳斥。但晚年的乾隆皇帝最终还是深刻认识到了其多次南巡的弊端，曾谕曰："朕临御六十年，并无失德。唯六次南巡，劳民伤财，作无益害有益。"

康熙、乾隆二帝南巡，均绘有《南巡图》，足见"南巡"在二位帝王政治生涯中的地位。乾隆皇帝更是将"南巡"视作其在位期间的两大盛举之一。乾隆皇帝《御制南巡记》曰："予临御五十年，凡举两大事，一曰西师，一曰南巡。"并以图绘表现，意在展现"以图画纪国家之事，垂于竹帛"的政治理念。

"肄武绥藩"：木兰秋狝

"木兰"为满语，意为"哨鹿"，指猎人围猎时装扮成鹿，吹木哨发出"呦呦"鹿鸣之声，以此诱猎牝鹿。"秋狝"即指古人在秋季进行的一项围猎活动，早在春秋时期就已盛行。《左传》中载："春蒐、夏苗、秋狝、冬狩，皆于农隙以讲事也。"

入关之前，满族人世代善骑射，围猎既是他们的一种经济生产方式，又是军事训练的方式，即所谓"寓兵于田猎"。努尔哈赤创建八旗制度，便是源自满族人的狩猎组织形式。满洲八旗兵丁十分重视参加围猎活动，"昔太祖时，我等闻明日出猎，……无论长幼争相奋励，皆以行兵出猎为喜"，"若不令往，泣请随行"。"蒐苗狝狩，古人原以之讲武，须有纪律"，因此清太宗皇太极要求八旗兵丁围猎时"当整肃而行，不可喧哗"。其实，围猎的过程就是言明军纪和训练八旗兵丁"骑射"能力的过程，因而也受到满洲统治者的重视，清太宗皇太极如是说："盖射猎者演武之法，服制者立国之经。"

学界认为，木兰秋狝肇始于康熙二十年（1681）。是年，康熙皇帝选择在原翁牛特郡王旗、喀喇沁王旗划出伊逊河东西的部分牧地，又从察哈尔东四旗划出伊逊河西部分牧地建立木兰围场，东西相距三百里，南北二百余里，周围一千三百余里，全为丘陵地形，伊逊河流经其间，林木葱郁，水草丰美，野生动物种类繁多，康熙皇帝曾感叹到："故群兽聚以孳畜，实为无界我国家讲武绥远之区。"

康熙皇帝为何创办"木兰秋狝"之举？《清史稿》曰："太宗征藩部，世祖定中原，八旗兵力最强。"僻居东北一隅的满洲人入关,建立起对全国的统治,是以强大的八旗军事力量为基础的。"八旗甲兵,国家根本","八旗禁旅,为国家根本所系",入关后的八旗军事力量又成为满洲统治者统治中原的根本力量。清初,随着统一战争的结束,承平日久,八旗兵丁军事力量渐次衰微。八旗兵丁的战斗力问题在平定三藩之乱时就已经暴露出来,康熙皇帝曾训斥满洲八旗兵丁曰:"至于满洲军队,徒拥大兵,驻守荆州,划长江为对峙,莫敢前进而决战,甚或闻三桂进兵之消息,胆战心惊……大炮埋于荆州城之中,而先行引退。……满洲士兵渐趋柔懦。"作为"国家根本"的八旗兵丁"骑射"军事能力的衰微,引起了康熙皇帝的恐慌与不安。加之,当时西部厄鲁特蒙古准噶尔部噶尔丹不时滋扰漠南蒙古,对北部边疆的安全造成威胁。康熙皇帝深切认识到,"控制蒙古诸部落,内以拱卫神京",加强与蒙古各部间的联络,实行怀柔抚绥之策,才是确保北部边疆安全的有效策略。康熙二十年四月,康熙皇帝第二次北巡塞外,围猎南山,是为木兰秋狝之始。

木兰秋狝围猎活动主要有小围(行围)、合围和哨鹿三种形式。小围也叫"行围",先是以数十人分头进入选定的山林区域,逐步驱赶动物,但围而不合。一般作为正式合围前的练习活动。合围是围猎的正式阶段,合围当日五更之前,由管围大臣率领蒙古管围大臣、虞卒(组成围墙的人,共1250人)及八旗官兵、虎枪营兵丁出营选择围场,并用虞卒将围场围起来。合围开始,选定参加合围的数千八旗官兵先在四面皆山、中间较平的地方四周组成一个围场,然后众人慢慢向中间合围以缩小围场区域,最终将各类动物围合在小范围内,此时皇帝率扈从、侍卫、虎枪营兵丁进入围合区域,枪、箭齐发,射杀动物。若遇到合围内野兽数量过多,皇帝还会网开一面恩赦虎、鹿、狍等动物。哨鹿是另一种围猎形式,行围规模小于合围,且日期较为固定,"以秋分前后为期,鹿性于秋前,牝牡各为群中,秋后则牝分群而求牡"。皇帝率侍卫、王公大臣及备差人员等于五更前出营,兵分三队,"约出营十余里听旨,停第三队;又四五里停第二队;又二三里将至哨鹿处,停第一队",皇帝自己仅带十余骑侍卫及扈卫大臣隐藏在密林或草丛中。侍卫等备差人员头戴鹿首、身着鹿衣,埋伏在鹿群经常出没的山林中,吹木制鹿哨发出"呦呦"声,引诱真鹿出现,皇帝及侍卫、扈卫大臣等

郎世宁绘《乾隆皇帝哨鹿图》

用枪、箭射杀,"倏听枪声一发,咸知圣武神威,命中获鹿矣,群皆欢欣引领"。

雍正皇帝在位期间忙于政事,虽无暇践行木兰秋狝之祖宗"家法",但皇子时期胤禛曾多次参加皇父康熙皇帝木兰行围,深知木兰行围对训练八旗兵丁"骑射"的重要性,故而不时训诫满洲王公大臣,"后世子孙,当遵皇考所行,习武木兰,毋忘家法"。

乾隆皇帝自诩"效法皇祖",力行木兰秋狝之"家法"。在位六十年,秉承祖训,举行木兰秋狝大典凡五十余次,并不断完善与颁行木兰围场"合围"制度。面对各地驻防八旗日益丧失的"国语骑射"能力,乾隆皇帝还每年特选天津、西安、荆州、杭州、江宁等处驻防八旗官兵随同其前往木兰进行围猎,强调"骑射乃满洲旧俗,根本重务"。

嘉庆七年(1802)七月,嘉庆皇帝初行"秋狝大典"。其实早在乾隆三十年(1765),身为皇子的颙琰就已经跟随乾隆帝参加木兰秋狝。皇父躬行围猎,践行"家法"之举给颙琰留下深刻影响。嘉庆四年,太上皇乾隆崩逝,嘉庆皇帝亲政。嘉庆皇帝自称为"守

《乾隆皇帝射狼图》

图中乾隆皇帝策马搭弓,追射一只仓皇逃窜的狼。每次秋狝围猎,乾隆皇帝都亲身参与,以践行木兰秋狝之家法。

成"皇帝,亦标榜"法祖"。他"敬遵成宪,不敢偷安",政治上力行吏治整饬,疏通言路;武备上"敬承祖考,肄武习劳",三年后力举"行之勿替"的"家法"——秋狝大典。截至嘉庆二十五年(1820),除天气、重大军务等因未能赴木兰围场外,嘉庆皇帝共举行了十一次秋狝大典。嘉庆二十五年,嘉庆皇帝在举行秋狝大典之后,病逝于避暑山庄澹泊敬诚殿。其遗诏中仍念念不忘提醒王公大臣,将满洲家法木兰秋狝之典"万年遵守勿替"。

嘉庆皇帝御用行围皮质撒袋

　　制度行久,必生弊端。嘉庆朝后期,行围制度管理混乱、弊窦丛生,木兰围场疏于稽查,场内动物频遭偷猎,树木被大肆砍伐,最终造成"禽兽逃匿""鹿踪远逸"之凄凉景象。道光四年(1824),道光皇帝特谕:审度时事,停本年木兰秋狝,并解释"此朕不得已之苦衷,非敢耽于安逸也"。曾盛极一时的满洲"家法"——秋狝大典黯然落幕。同治元年(1862),清廷开放木兰围场,供民开垦。

　　自康熙帝辟围至嘉庆二十五年,凡一百四十年间清廷举行"秋狝大典"共一百零五次之多。木兰秋狝,绝非清朝皇帝单纯的"哨鹿"娱乐之举,而是被清廷赋予诸多政治意涵的典礼。木兰围场是清朝皇帝及王公大臣避暑之所,也是八旗练武之所,亦是清廷怀柔蒙古之所,即所谓"肄武习营,怀柔藩部"。自康熙二十年始,康熙、乾隆、嘉庆三帝先后百余次围猎木兰,满、蒙、汉军八旗等联合行动，堪称声势浩大的军事演习，一定程度上改变或延缓了八旗"骑射"军事能力的衰微；白日清朝皇帝与蒙古、新疆、青海少数民族王公大臣围猎，夜晚燃起熊熊篝火，炙烤猎物，君臣共享围猎之乐。围猎结束后，皇帝又在避暑山庄宴赏这些少数民族王公大臣，以示怀柔，加强了蒙古各部对王朝的向心力。此即所谓"盖于讲武示度之中，寓柔远绥远之略"。毫无疑问，木兰秋狝实现了清廷"施恩于喀尔喀，使之防备朔方"的边疆战略，对巩固清朝北部边疆产生了重要作用。

郎世宁绘《围猎聚餐图》

围猎结束后，侍从等随围人员都要向乾隆皇帝呈报所猎动物之数量及种类，乾隆皇帝依次论功行赏，并与他们一同享用猎物。此图描绘的是乾隆十四年（1749）围猎后，乾隆皇帝与随围人员一同准备宴享猎物的情景。

嗣位？篡位？雍正皇帝继位之谜

"太子之为国本"，为一国之储君。康熙十四年（1675）十二月十三日，为解决国之根本，康熙皇帝仿历代公开择立嫡长子皇位继承制度的传统，册立先皇后赫舍里氏之子、年仅两岁的胤礽（胤禛即位后改为允礽）为太子，遣官告祭天地、太庙、社稷，颁诏中外，"以重万年之统，以系四海之心"。此后，为着力培养储君，康熙皇帝制定了一整套太子教育方案，除先后择名儒张英、李光地、熊赐履、汤斌等名臣硕儒教授皇太子经史等儒家经典外，在政务闲暇之际，康熙皇帝还亲自给皇太子讲解"经书大旨"，"事事精详指示"。康熙皇帝每日清晨至太皇太后宫请安后，又亲自为皇太子讲授"四书""五经"等。王世禛《居易录》中记载：康熙皇帝在宫中亲自为东宫皇太子讲授四书、五经，且每日御门听政之前，"必令（皇太子）将前一日所授书背诵、覆讲一过，务精熟贯通乃已"。皇太子胤礽也不负众望，聪慧睿智的他精通满汉文字，娴熟骑射。康熙皇帝对皇太子也十分器重。康熙三十五年至三十六年（1696—1697），康熙帝两次亲征准噶尔，曾两度令太子代行郊祀礼，处理各部奏章，行监国事。胤礽不负皇命，均妥善处理政务，赢得康熙皇帝赞誉。

然而，随着皇子间的争宠及各大臣的介入，逐渐形成太子党与反太子党。议政大臣索额图（太子胤礽外祖叔）与李光地等结盟成"太子党"，武英殿大学士明珠（皇长子胤禔舅父）与刑部尚书徐乾学等结盟成"反太子党"，两派互相结交，互植私党，最终引康熙皇帝动怒，开始打击私党之争。

康熙四十二年（1703），为限制和打击太子党势力，康熙皇帝以索额图"议论国事，结党罔行"将其圈禁，挫败了索额图等人欲图谋划宫廷政变，让胤礽早日登上皇位的计划。康熙四十七年（1708），康熙皇帝以太子"僇辱廷臣，专擅威权，鸠聚党羽，窥伺朕躬起居动作"等罪幽禁咸安宫（后释之）。太子之位虚空，各皇子纷纷觊觎，暗自结党以谋己利。次年三月，康熙皇帝以胤礽"狂疾"已愈为由复立太子，昭告宗庙。但为缓和太子与各皇子之间的关系，在复立胤礽为太子的同时，康熙皇帝封皇三子胤祉、皇四子胤祯、皇五子胤祺为亲王，封皇七子胤祐、皇十子胤䄉为郡王，封皇九子胤禟、皇十二子胤祹、皇十四子胤禵为贝子。然而事与愿违，好景不长，随着地位的上升，皇子们反而对皇太子位更增添了几分觊觎之心，逐渐形成更加激烈的暗战。

对于康熙皇帝的良苦用心，皇太子胤礽并没能体察到，他不思悔改，仍旧骄横跋扈，继续网罗党羽，密谋早登皇位。康熙五十一年（1712）十一月，康熙皇帝复以胤礽"秉性凶恶，与恶劣小人结党"废其太子位，谕令终身禁锢咸安宫。此后不准再议择立太子之事，以免出现储位之争和因此而引发的朋党之争。直至康熙六十一年（1722）十一月十三日崩逝于畅春园，康熙皇帝一直未册立太子。

康熙皇帝两立两废皇太子胤礽，彻底暴露了皇储制度的缺陷，这将严重危及清朝国家的政治统序。太子之位空悬，朝臣们为之不安，数次奏疏请册立太子。然而康熙皇帝对此采取了十分审慎的态度。康熙五十二年（1713）二月，御史赵申乔奏请册立皇太子，康熙皇帝谕群臣曰："立储大事，朕岂忘怀？但关系甚重，有未可轻立者！"康熙皇帝也吐露了他对择立皇太子事的真实想法："今欲立皇太子，必能以朕心为心者，方可立之，岂宜轻举？"很显然，康熙皇帝想彻底排除其他人对册立皇太子的干扰，由其秘密考察择选国家储君人选。有学者研究发现，在第二次废黜太子胤礽之后，康熙皇帝就已经开始思考新的皇位继承制度了，即以秘密考察的方式择选皇太子的建储方式。然而时不我待，康熙六十一年（1722）十一月十三日，康熙皇帝因病崩逝，秘密建储的计划流产。是年四十五岁的雍亲王胤禛克承大统，即皇帝位，是为雍正皇帝。

胤禛因何得以继承皇位？学界持两种观点，即受命嗣位说和矫诏篡位说。"受命嗣位说"者以康熙皇帝口谕遗诏为依据，六十一年十一月十三日当天，康熙帝在神智尚清时召诸皇子等和隆科多至寝宫，面谕："皇四子人品贵重，深肖朕躬，必能克承大统，著继朕即皇帝位。"此说还有一看法是，胤禛因子弘历而得帝位。康熙六十一年（1722）三月，康熙皇帝至胤禛邸园饮酒赏花得见弘历，因十分喜爱而命养育宫中。且当时朝鲜朝觐官员曾亲耳听到康熙皇帝对阁臣马齐说"第四子雍亲王最贤，我死后立为嗣皇。胤禛第二子（弘历）有英雄气象，必封为太子。""矫诏篡位说"者认为，在诸皇子中，康熙皇帝晚年颇为看重富有军事能力的皇十四子胤禵（雍正即位后命改为允禵），并授大将军（号称"大将军王"）统领西北军务、代己平定西藏叛乱，这是康熙皇帝为其继承皇位积累政治资本。康熙皇帝病重时传旨在西北的胤禵回京，但被隆科多（时任理藩院尚书兼提督京城九门步军统领）隐瞒不宣，假传口谕让胤禛即帝位。甚至有传言：胤禛等将康熙遗诏"传位十四阿哥"中的"十"字篡改成"于"字，于是成"传位于四阿哥"；又将"胤禵"中的"禵"改为"禛"。

康熙皇帝遗诏，康熙六十一年十一月十三日

此诏书为满、汉文合璧，此为汉文局部。遗诏末尾写道："朕身后尔等若能协心保全，朕亦欣然安逝。雍亲王皇四子胤禛人品贵重，深肖朕躬，必能克承大统，着继朕登基，即皇帝位。"这是雍正皇帝嗣位说的直接证据。但持篡位说者则认为此遗诏实为雍正皇帝伪造之作。

其实以上两说均有疑点。"受命嗣位说"的疑点在于，康熙皇帝崩逝当日，正在南郊代父行祭天礼的胤禛曾三次觐见皇父问安，康熙皇帝均未言明将传位于他。再者十三日康熙皇帝崩逝，直至十六日胤禛才宣读所谓康熙皇帝遗诏，但需要指出的是此遗诏仅为满文本。汉文本遗诏却迟迟未见公布，此中自有疑窦。"矫诏篡位说"的疑点是，传言中所谓胤禛等人将遗诏中所谓"传位十四阿哥"之句改为"传位于四阿哥"、"胤祯"改为"胤禛"，然而这都不可能实现，因为清代诏书文本形式均为满汉合璧，即使改了汉文，满文书写是难以更改的。

雍正皇帝即位究竟是"受命嗣位"还是"矫诏篡位"（另有"弑君篡位"说），都没有确凿的证据，它与"太后下嫁""顺治出家"一起成为清初三大疑案。

| 雍正皇帝朝服坐像

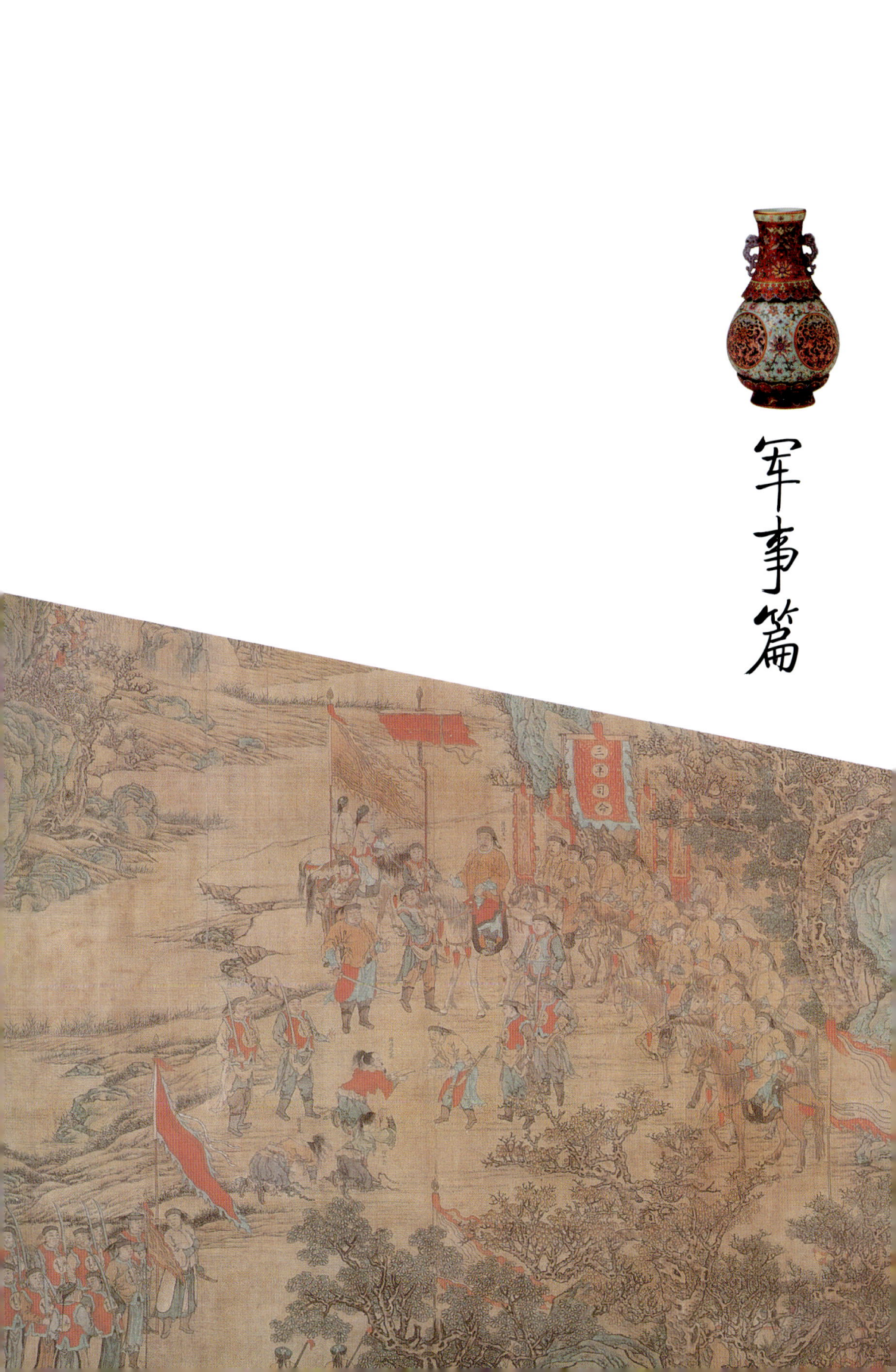

军事篇

南京的抵抗与投降

　　顺治元年（1644）四月二十六日山海关一役，吴三桂所部明军与多尔衮所率清军联合击败李自成。李自成率部退回北京并于二十九日仓促称帝，次日率部向山陕一带转移。五月初三日，多尔衮率清军入关，进占北京城。九月，清廷迁都北京。十月，清朝政府兵分两路南下追击大顺军和统一江南。北路以英亲王阿济格、吴三桂、尚可喜率军经大同、榆林南下，征讨大顺军，南路由定国大将军、豫亲王多铎率同孔有德、耿仲明等南下攻打南明弘光政权。豫亲王多铎出征前一日，清廷率先对江南文武官员军民人等发布檄文，历数南明弘光政权"拥兵扰民"等罪，标榜清军"恭承天命，爰整六师，问罪征讨"。不久，因大顺军日炽，清廷调多铎、孔有德等率军进攻西安大顺军，已经进入河南的多铎转向豫北渡黄河，剑指西安。顺治二年正月十二日，多铎等克潼关，并与正在向南推进的北路阿济格等部形成会师西安的局面。十三日，李自成放弃西安，携部属等仓皇南撤湖广，十八日，多铎部占西安。西北战事渐缓。清廷发出"平定江南之谕"，多铎同恭顺王孔有德、怀顺王耿仲明等"得平定江南之谕，即于三月初日率师（两万余众）南征"弘光政权。

　　顺治元年（崇祯十七年，1644）三月，李自成攻陷北京，崇祯帝自缢。消息传至南京，五月十五日，留都官员拥立福王朱由崧为帝，建立南明弘光政权。顺治二年（1645）三月，清军南下势如破竹，南明诸将领或逃或降；四月中旬，在南明降将李成栋导引之下，清军兵临扬州城下。时退守扬州继续抗清的兵部尚书史可法传檄诸镇发兵援救，无果。面对清军的诱降，史可法严词拒绝，"城亡与亡，我意已决，即碎尸万段，甘之如饴"，决心与扬州城共存亡。扬州城破，清军屠城，史称"扬州十日"。五月初九日，清军夜渡长江，攻克镇江。明廷沿长江守军溃退，清军直趋南京城下。

清人叶衍兰绘史可法像

史可法（1601—1645），字宪之，号道邻，河南开封人。明崇祯元年（1628）进士。初任西安府推官，后因平乱有功升至南京兵部尚书。明灭亡后，拥立福王称帝，加大学士衔，人称史阁部。弘光元年（1645）四月，扬州城破，史可法拒降被害。南明朝廷给谥"忠靖"。乾隆三十七年（1772），清廷又赠史可法谥"忠正"。

　　五月初十日，见大势已去的弘光帝朱由崧在阉党的簇拥下逃往安徽太平府，南京城内陷入混乱状态。孤守数日之后，弘光小朝廷文武官员在南京守备赵之龙、礼部尚书钱谦益、内阁大学士王铎等人的商议下，决定献城降清，并撰《降清文》。五月十五日，忻城伯赵之龙率魏国公徐州爵、驸马齐赞元、内阁大学士王铎、礼部尚书钱谦益等三十一名文官，又都督、巡捕提督、副将等七十二人，并城内官民迎降。此外参与投降仪式的还有沿途来归的文武官员二百四十六人，马步兵共二十三万八千三百人。《多铎入南京图》（又名《得胜图》）描绘的是顺治二年五月十五日在南京城外，南明弘光朝廷南京守备赵之龙等向清朝定国大将军多铎投降的仪式。图中骑马执鞭接受投降者为多铎，身后帅旗上为"三军司令"四个大字；在其面前下跪的是投降者南京守备赵之龙、魏国公徐州爵、驸马齐赞元三人，赵之龙手捧南京城舆图册向多铎呈贡，另二人则或跪作告饶状，或匍匐在地叩拜。远处南京城清晰可见，官民相携

《多铎入南京图》

多铎（1614—1649），清太祖努尔哈赤第十五子，摄政王多尔衮同母弟。天聪十年（1636）封和硕豫亲王，崇德四年（1639）因事降为贝勒。清入关后率兵进攻大顺军，攻占西安、南京，消灭南明弘光政权。顺治四年（1647）加封为辅政叔王，不久病故。乾隆帝评价多铎曰："豫亲王多铎从睿亲王入关，肃清京擘，即率师西平流寇，南定江浙，实为开国诸王战功之最。"此不为过。

投诚者络绎不绝。次日,多铎率领官兵入南京城(几天后朱由崧被擒并解往北京,次年被处死)。初入南京城,多铎便以"奉天伐罪,救民水火"之姿态怀柔官绅民众。闰六月,廷议决定改南京为江南省,应天府为江宁府,设知府不设府尹,并任命江宁、安庆巡抚以下官员三百七十余人,疏报朝廷批准。清廷以洪承畴代多铎,授"招抚江南各省总督军务大学士",以专责招抚江南之事。八月初,洪承畴到任。

洪承畴像

洪承畴(1593—1665),字彦演,号亨九,福建南安人。明万历四十四年(1616)进士,崇祯时官至兵部尚书、蓟辽总督。松锦之战战败后被清人俘虏,降清。顺治元年(1644)"从龙入关",次年总督军务,以"招抚江南各省总督军务大学士"招抚江南诸省,战功尤隆。卒,受谥"文襄"。乾隆时被列入《贰臣传》。

平定三藩之乱

"三藩"是指明末降清后因军功被清廷封为平西王的吴三桂（镇守云南、贵州）、平南王的尚可喜（镇守广东，后其子尚之信袭爵）、靖南王的耿仲明（镇守福建，后其子耿继茂、孙耿精忠相继袭爵）三个藩王。他们在清军入关、平息抗清运动和推翻南明政权、推进清朝对全国的统一战争中，起到了至关重要的作用。然而当他们被分封为藩王、掌握重兵镇守各地后，这与朝廷集权的政治思路形成矛盾，让皇帝感到统治安全受到威胁。

平西王吴三桂（1612—1678），出身武举世家，为原明锦州总兵吴襄之子。其袭封军官，后晋升辽东总兵，驻防山海关，并于崇祯十七年（1644）受封为平西伯。山海关地处战略要地，李自成率农民军入北京后与大清国共同展开对吴三桂的招揽。最终吴三桂倒向满人，与清军联合击败农民军，引满人入关。吴三桂受命率清军一路追击李自成，自直隶入陕西，南下湖广，镇守汉中。顺治八年（1651）转征四川，十四年（1657）受封平西大将军，入镇贵州，十六年（1659）入驻云南。十八年（1661）入缅甸，俘虏南明永历帝及其部属，是年晋封亲王，镇守云南、贵州。

靖南王耿仲明（1604—1649）与平南王尚可喜（1604—1676）在明崇祯时分别任辽东副总兵和登州参将，二人先后于崇祯六年（清天聪七年，1633）、七年受皇太极招降，同授总兵官。天聪十年（明崇祯九年，1636），皇太极定国号为"大清"，改元崇德，封赏军功之臣，封耿仲明为怀顺王、尚可喜为智顺王。后二人随清军入关，南下参加统一战争。顺治六年（1649），因军功清廷改封耿仲明为靖南王、改封尚可喜为平南王，共同镇守广东（不久，耿仲明因涉嫌触犯"逃人法"而自缢身亡，其子耿继茂袭爵）。顺治十七年（1660），靖南王耿继茂移镇福建。至此，清初"三藩"割据势力正式形成。

"三藩"在各自势力范围内自持军功，拥兵自重，除节制汉军八旗、绿营兵外，他们还多建有自己的嫡系部队，形成特殊的"藩王兵制"。其中以吴三桂平西甲兵最为精锐。在镇压抗清战争中，各藩王不断扩充武装力量，吴三桂拥兵近八万，尚可喜、耿继茂拥兵也各有两万之众。兵多饷增，时"云南兵饷以千万计，闽浙兵饷以百万计"，使得"天下财赋，半耗于三藩"。在政治上，吴三桂还总管云南、贵州的军政、民政、钱粮诸事务，有权黜陟文武官员（时称"西选"，且"西选之官遍天下"），甚至连巡抚、总督都要受其节制。他还在藩地内广受钱粮、大肆开矿、圈占民地、铸造钱币，诸多事务不受中央部门节制，无视朝廷，俨然成为"小朝廷"。尚可喜与耿继茂在镇守地亦圈占民田，强取豪夺，私课盐税，危害地方。

"三藩"不仅在经济上加重了国家的负担，日益强大的军事力量也对清廷的统治构成潜在的威胁。同时，这也与当时清廷要加强中央集权的政治战略形成矛盾。撤藩已势在必行。康熙十二年（1673）三月，平南王尚可喜上疏提出愿领藩下老弱人员归辽东养老，请求朝廷赐给路费口粮。议政王大臣等建议全部迁移尚可喜藩下人员，康熙皇帝允行。撤藩自此始。然而此举让吴三桂、耿精忠对自己的前途深感忧虑。为试探朝廷之态度，吴三桂、耿精忠分别上疏请求撤藩。经廷议，康熙皇帝决定撤回平西、靖南两藩。探得朝廷之态度，是年十一月，吴三桂扣留朝廷所派遣协力撤藩的使臣，诛杀云南巡抚朱国治，自称"天下都招讨兵马大元帅"，以复兴明皇室为号召，发布《反清檄文》公开叛变朝廷，掀起了"三藩之乱"。"伪檄一传，四方响应"，一些汉族将领亦纷纷归附"三藩"，走向反叛之路。康熙十三年（1674），耿仲明之孙、靖南王耿精忠在福建起兵响应；十五年（1676）二月，平南王尚可喜之子尚之信在广东起兵响应。一时间，云贵、川湖、闽浙、两广以及陕甘等地多举起反叛大旗。

三藩叛乱，清廷内部以大学士索额图为首的妥协派，提出诛杀建议撤藩之官员，以向三藩谢罪。康熙皇帝力排众议，坚决主张武力平定"三藩之乱"。平叛之初，康熙皇帝采取拉拢、瓦解叛军的政策，即拉拢和争取后加入叛乱的平南王、靖南王，以及陕西提督王辅臣等，以孤立吴三桂。同时，康熙皇帝严惩平叛不力的军事将领，并大力提拔汉族将领（如在此次平叛中建功立业的蔡毓荣、李之芳等），以确保军事将领的积极性。在军事战略上，清廷建立起以荆州为中心、以川湖为重点的防御体系，力图将战事控制在云南、

清人绘《蔡毓荣南征·辰龙关大捷》

> 蔡毓荣,兵部尚书蔡士英次子。康熙初,任刑部侍郎。先后出任湖广四川总督、湖广总督加兵部尚书、云贵总督。康熙十四年(1675)率绿旗兵征讨"三藩之乱",后领衔绥远将军,总统绿营。先后败吴三桂部于岳州、长沙、衡州、辰州、贵阳、云南。次年,累上疏论云南善后事宜,言及辟荒、理财、弭盗、军制等十数事。后以事坐罪遣戍黑龙江,康熙三十八年卒。

贵州和湖广境内,并坚决固守战略要地,如安庆、武昌、太原、郑州等地。为确保军事情报与信息畅通,康熙皇帝扩建邮驿体系,"命兵部于驿递之外,每四百里置笔帖式、拔什库各一,以速邮传,更番代递,昼夜遄行"。

康熙皇帝的战略很快奏效,康熙十五年(1676),陕西提督王辅臣率先归降,解除西北乱畀。是年十月,靖南王耿精忠在清军大兵压境下率众出降。康熙皇帝保留了耿精忠靖南王爵,图功赎罪;十月,平南王尚可喜病逝,十二月其子尚之信在看不到出路的情况下选择了请降。次年五月归降清军,康熙皇帝不计前嫌,仍让尚之信袭封其父尚可喜平南亲王爵。如此,福建、广东两地相继平定,从而剪除了吴三桂的侧翼,使其陷入孤立境地。至康熙十七年(1678),广东、福建、江西、陕西诸地尽为清军恢复,吴三桂大势已去。其原来"事纵不成,可画长江而国"的政治幻想也成为泡影。是年三月,不甘心的吴三桂在湖南衡州匆忙称帝,国号"大周"。

| 康熙皇帝戎装像

八月，吴三桂病逝，其孙吴世璠即帝位。然而大势已去，叛军在惶惶不可终日中屡战屡败。清军则势如破竹，先后平定湖南、广西、关中、洛阳等地。十九年，平定四川后又进兵云贵。二十年（1681）

初，清军先收复贵州，十月，"大周"文武大臣纷纷归降，吴世璠被迫自杀。至此，历时八年的"三藩之乱"在康熙皇帝的正确决策下以清人取得胜利而告终。三藩之乱的平定，消灭了地方割据势力，巩固了皇权，避免了国家的分裂。

清人黄壁绘《董卫国纪功图》（局部）

董卫国，汉军正白旗人，初授佐领，累官秘书院学士。顺治十八年（1661）年擢山西巡抚。康熙四年（1665）加工部尚书衔，十三年（1674）改兵部尚书，实授江西总督。时三藩乱起，董卫国亲率大军平定江西崇仁、乐安、宜黄三县的叛乱。

平定准噶尔、回部叛乱

明末清初，游牧在天山北路的厄鲁特蒙古（又称"卫拉特蒙古"）以伊犁为中心，逐渐形成四大部：准噶尔部（又称"绰罗斯部"）、杜尔伯特部（辉特部依附在其下）、和硕特部和土尔扈特部。厄鲁特四部"皆聚牧天山之北，阿尔台（泰）山之南"。各部分牧而居，互不统属，设定期部族联盟会议，以协调各部关系。后来，随着准噶尔部的逐渐强大，对各部实行兼并之策，土尔扈特部被迫远徙伏

《西域回疆图册》之"厄鲁特"

"厄鲁特"又称"额鲁特",是对明末清初西北蒙古的总称,主要分为准噶尔、和硕特、土尔扈特和杜尔伯特四部。

尔加河流域,和硕特部南迁青海。至清康熙时期,准噶尔部成为唯一能与清朝抗衡的政治力量。

其时,准噶尔部首领噶尔丹"恃其强盛,四出剿掠",屡次侵犯已经内附清廷的喀尔喀蒙古,严重威胁清朝的国家安全。康熙帝"力排众议",于康熙二十九年(1690)亲征准噶尔,先后在乌兰布通、昭莫多等地力克噶尔丹。最终,噶尔丹兵败"仰药自尽"。噶尔丹死,准噶尔部先后由策妄阿拉布坦、噶尔丹策零父子统治,继续施行外扩政策。

雍正皇帝继承其父平准政策,雍正九年(1731),河通泊一役,清军惨败。雍正后期,由于连续战事,财力损耗巨大,清廷亟待休养生息,遂决定与准噶尔部议和划界。乾隆皇帝即位之初,一直谋划康熙、雍正"两朝未竟之遗绪",解除国家西北边疆之患。但虑及初政不久,仍坚持其父划界之议。至乾隆四年(1739),清准划界完结。此后,准噶尔部陷入内部汗位继承之争。乾隆十七年(1752),准噶尔贵族达瓦齐在辉特部贵族阿睦尔撒纳的帮助下,袭杀汗王喇嘛达尔札而自立。达瓦齐登上汗位后荒淫无度,与阿睦尔撒纳嫌隙日深。十九年,受到达瓦齐讨伐的阿睦尔撒纳被迫携部族两万人"款关内附"清廷。乾隆十八年,不满达瓦齐统治的杜尔伯特台吉车凌、车凌乌巴什、车凌蒙克归附清廷,乾隆皇帝决定再次动员出兵准噶尔,解决"先朝数十年未竟之绪"。

乾隆二十年二月,清军兵分两路,北路以班第为定北将军,阿睦尔撒纳为定边左副将军,领兵三万由乌里雅苏台进军;西路以永常为定西将军,萨喇尔为定边右副将军,领兵两万由巴里坤进军。途中,准噶尔各部众"携酮酪,献羊马,络绎道左,行数千里无一人抗颜者"。六月,清军攻占伊犁,达瓦齐败逃。后被南疆乌什城阿奇木伯克霍集斯擒获,送交清军押解至北京。乾隆皇帝按照惯例在午门举行献俘仪式。然而乾隆皇帝并没有将达瓦齐处死,只采取拘禁措施。乾隆三十九年(1774)更是特赦释放,加恩封为亲王,入旗籍,赐建府邸,以示朝廷"怀柔远人"之至意。

钱维城绘《平定准噶尔图卷》之"伊犁河受降"

郎世宁绘《阿玉锡持矛荡寇图》

阿玉锡，准噶尔蒙古人，原为准噶尔属司牧臣，后转投清廷。乾隆二十年（1755），他率领二十余骑夜间突袭达瓦齐军营，取得大胜，迫使达瓦齐败走南疆。此役使阿玉锡一举成名。战后乾隆皇帝命人绘制《平定西域功臣像》，阿玉锡位列"前五十功臣"第三十三位。

    清廷论功封赏阿睦尔撒纳为双亲王，食双俸。然而阿睦尔撒纳之目的在准噶尔汗位，即期望任"四部总台吉，专治西域"。这与乾隆皇帝准备对准噶尔蒙古实行"众建以分其势"的战略截然不符。乾隆二十年（1755）八月，阿睦尔撒纳公开叛逃。消息传至北京时，正在筹备庆祝取得对准噶尔的胜利庆典的乾隆帝只好重组军队，再次发兵征剿背叛的阿睦尔撒纳。二十一年（1756）六月，阿睦尔撒纳败逃哈萨克阿不赉汗处寻求帮助。然而阿不赉汗怕收留阿睦尔撒纳会引起清朝对自己的不满与惩罚，故而处处牵制阿睦尔撒纳，双方矛盾日深。二十二年二月，阿睦尔撒纳返回准噶尔组织厄鲁特联盟抵抗清军，加强与自己的反清同盟青衮杂卜间的联系。是年六月，阿睦尔撒纳兵败逃入俄罗斯。俄方资料显示，1757年（乾隆二十二年）7月28日，穷途末路的阿睦尔撒纳带领属下人等从额尔齐斯河逃到塞米巴拉特要塞，受到当地军事指挥部门的亲切接待。进入俄国后，阿睦尔撒纳迅即要求到俄国边界司令部寻求庇护。7月30日，阿睦尔撒纳被送到亚梅舍沃，此时的他已患上痘疫，俄方进行了"力所能及"的治疗。8月20日被带至托博尔斯克，9月

15日患天花，并于当月21日病死，时年35岁。

乾隆皇帝认为，阿睦尔撒纳出逃俄罗斯，"将来必不能久甘穷困，势必滋生事端，为患边境"，"阿睦尔撒纳一日不获，则边陲一日不宁……阿睦尔撒纳既获，则准噶尔全局可以从此奏功矣"。乾隆皇帝多次通过外交途径追索阿睦尔撒纳，理藩院与俄国枢密院密函往来不断。得知阿睦尔撒纳病死，乾隆皇帝派员两次勘验尸体，直至确认后方才结束追索。

清军底定伊犁之后，释放被准噶尔囚禁的回部大和卓波罗尼都、小和卓木霍集占兄弟。然而乾隆二十一年（1756），二人潜回南疆回部召集回众，伺机独立，起兵杀害清军官阿敏道，抗拒清军。清廷派员招抚失败，乾隆皇帝决定出兵进剿回部。乾隆二十三年（1758）二月，清军进军南疆，先后攻克库车、黑水城、乌什、叶尔羌等地，最终于二十四年攻克喀什噶尔城，霍集占败逃，最终病死拔达山，当地首领向清廷献上霍集占首级，清军底定南疆。小和卓霍集占首级及其他俘囚被押解至京师后，乾隆二十五年正月，清廷先在太庙举行献俘礼，向祖宗宣告战争胜利之事，次日又在紫禁城午门举行受俘礼。至此，清廷历时五年，通过发动两次平准战役、一次平回战役，将天山南北广大区域纳入清朝国家的政治版图。

汪承霈绘《十全敷藻图图册》之"回疆入版图"

乾隆二十四年（1759）战争结束后，乾隆皇帝谕令绘制百名功臣图像与战图壁画，以示对帝国功臣的奖赏和纪念帝国西征这一历史性事件。乾隆皇帝指出，绘像紫光阁，意在"迹炳图形，云拥走翟陂之胜"，"若夫斩将搴旗，建一绩致一命者，亦不忍其泯灭无闻，将亦图其形而命儒臣缀辞焉"。为表示对文武大臣恩荣，特选"勋绩显著者五十人"亲自题写传文。

傅恒像

傅恒以平定西域前五十功臣第一的身份绘像紫光阁，乾隆皇帝亲写赞语："大学士一等忠勇公傅恒。世胄元臣，与国休戚，早年金川，亦建殊绩，定策西师，惟汝予同，郐侯不战，宜居首功。乾隆庚辰春御题。"此图现为美国纽约藏家黄惠英收藏。

除了绘像紫光阁之外，乾隆还令供职于清朝宫廷的西洋画师郎世宁、王致诚、艾启蒙、安德义、潘廷章等绘战图十六幅，以图景的方式展示、保存或纪念对准噶尔蒙古、南疆大小和卓战争的胜利。乾隆二十五年（1760）四月，乾隆谕令郎世宁绘制伊犁投降、追取霍集占首领、黑水河打仗、阿尔楚尔打伏、献俘、郊劳丰泽园、筵宴等关于平定准噶尔战争的画稿，郎世宁等作绢画共七张。二十七年六月，又命郎世宁起《得胜图》小稿十六张，并让姚文瀚仿画手卷四卷呈览。二十九年十一月，郎世宁等起稿《平定伊犁等处得胜图》十六张，其中郎世宁绘制两幅《格登鄂拉斫营》（即《爱玉史诈营》，"爱玉史"即阿玉锡），安德义绘制《库陇癸之战》《乌什酋长献城降》《呼尔满大捷》《霍斯库鲁克之战》《伊西洱库尔淖尔之战》《拔达山汗纳款》《郊劳回部成功诸将士》七幅，王致诚绘制《和落霍撕之捷》《阿尔楚尔之战》《平定回部献俘》，艾启蒙绘制《平定伊犁受降》（即《伊犁人民投降》），其余三幅《鄂垒札拉图之战》《通古思鲁克之战》《凯宴战功诸将士》作者则不详，疑为郎世宁绘制。乾隆谕令将此呈览后陆续交粤海关总督，送至法朗西雅国（法国）找手艺精湛者照稿刻做铜板。三十年五月，让丁观鹏等五人用宣纸依照郎世宁等四人起《得胜图》原稿着色仿画十六张。画稿的创作从乾隆二十四年起，到完稿历时凡七年。

为了达到对这次伟大战争的纪念与展示，乾隆皇帝不得不依赖曾被自己斥之为"奇技淫巧"的西洋技术。《平定西域战图》铜版的制作从乾隆二十九年（1764）造办处传办开始，至乾隆四十二年（1777）所刻铜版及画全数缴齐，历时十余年之久，花费（仅付法国制作款项）共计四千八百两之巨，真可谓耗时费资。

《平定西域战图》铜版画之"黑水城解围"

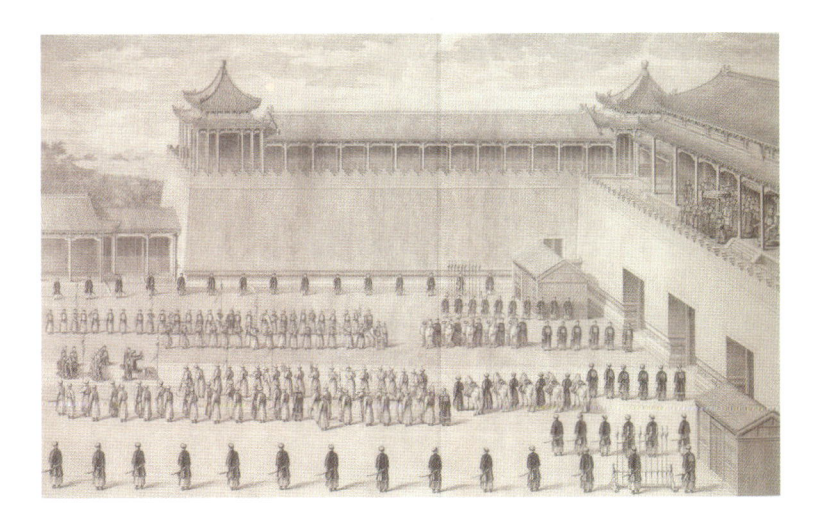

《平定西域战图》铜版画之"午门献俘"

驱廓保藏：两次平定廓尔喀之役

元朝世祖忽必烈统治时期，中央政府设立宣政院，掌管全国佛教事宜和西藏地方军政事务。在西藏置宣慰使司（又称"宣慰司"），由中央政府直接任命宣慰使管辖西藏地方事务。西藏地区正式接受中央政府的直接管辖。明初，明廷继续元朝在西藏的统治方式。

早在后金时期，西藏政教首领五世达赖喇嘛就通过使者与皇太极建立了联系。顺治九年（1652），五世达赖喇嘛阿旺罗桑嘉措（1617—1682）应邀进京朝觐，受到顺治帝的隆重接待，并在其返藏途中册封其为"西天大善自在佛所领天下释教普通瓦赤喇怛喇达赖喇嘛"。自此，达赖喇嘛作为西藏宗教首领的地位得到清朝中央政府的确认。此后历世达赖喇嘛均须经中央政权册封、颁赐金印予以正式承认遂成定制。同年，清廷又册封和硕特首领顾实汗为"遵行文义敏慧固始汗"，正式承认由五世达赖喇嘛和顾实汗联合建立的噶丹颇章政权。为提高班禅在西藏的社会地位，削弱达赖喇嘛势力，康熙五十二年(1713)正月，康熙帝谕令按照册封达赖喇嘛之例，正式册封五世班禅罗桑益喜（1663—1737），赐名号"班禅额尔德尼"。班禅作为西藏另一宗教首领的地位得到清朝中央政府的确认。

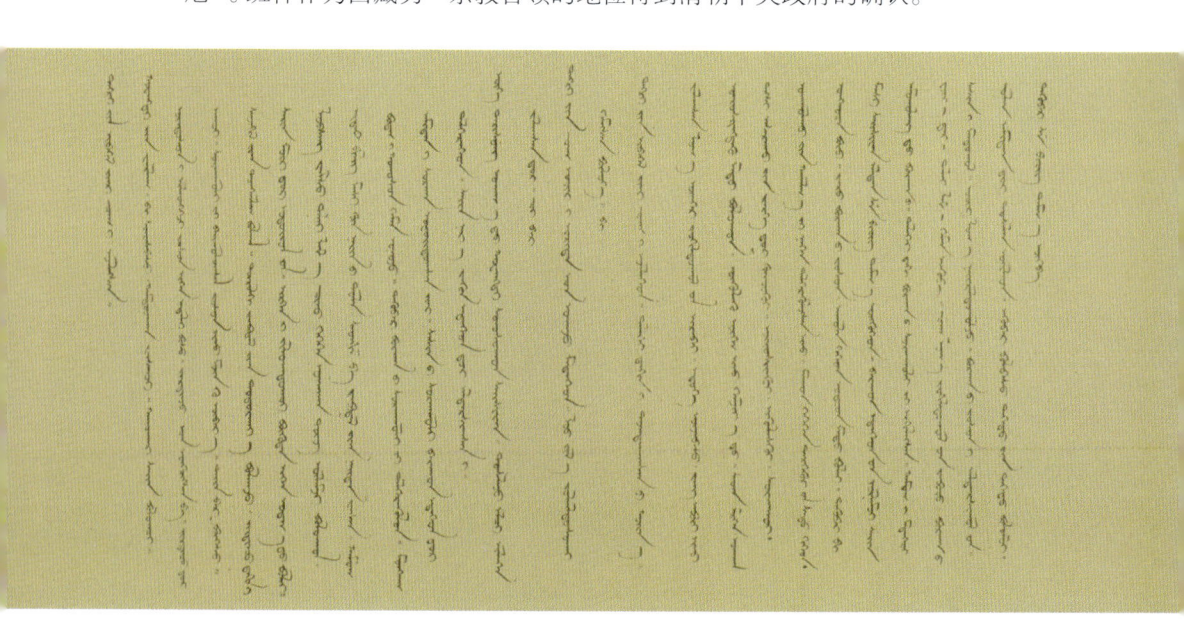

| 顺治九年（1652），顺治皇帝敕封五世达赖喇嘛的册文（蒙文部分）

雍正皇帝颁给七世达赖喇嘛的金印及印文，西藏博物馆藏

康熙五十六年（1718），统领天山南北的准噶尔策妄阿拉布坦汗派兵袭杀拉藏汗（顾实汗曾孙），准噶尔部开始统治西藏。次年，康熙皇帝命皇十四子允禵为抚远大将军，统兵出征西藏，驱逐准噶尔。五十年八月，准噶尔败逃，清军进入拉萨，清廷"驱准保藏"的战略取得成功。康熙六十年（1721），清廷废除噶丹颇章政权中总揽大权的第巴职位，建立西藏噶厦政府，任命康济鼐、阿尔布巴、隆布鼐、札尔鼐四人为噶伦，共同负责西藏地方政务。

雍正元年（1723），青海和硕特蒙古汗罗布藏丹津（顾实汗之孙），因对清廷不许其干涉西藏政务不满，遂发动叛乱。清廷闻变，立即调拨陕甘精兵前往平叛。次年三月，罗布藏丹津被迫投奔准噶尔部，叛乱被彻底平息。为加强对西藏地方的统治，雍正四年议设驻藏大臣两人。然而，由于四噶伦之间内讧，康济鼐被杀，后颇罗鼐率众平息内讧，清廷任命颇罗鼐总管西藏地方政务。乾隆十二年（1747），颇罗鼐死，其次子珠尔默特那木札勒承袭父爵，总管西藏地方政务。十五年，珠尔默特那木札勒发动叛乱。次年，清廷平叛后，为避免西藏僧俗、政教间的争斗，颁布《酌定西藏善后章程十三条》，确立了由达赖喇嘛与驻藏大臣共同领导噶厦的行政体制。噶厦设噶伦四人，负责处理西藏日常政教事务。噶伦的任命必须由清朝中央批准。至此，清朝中央政府在西藏地方建立起绝对的领导权。

廓尔喀，又称"科尔喀"或"巴勒布"，是位于尼泊尔二十四部族之一。十八世纪初，廓尔喀部族开始崛起。至十八世纪六十年代末，廓尔喀王统一各部，建立了廓尔喀王朝。廓尔喀王朝建立后，由于王国"疆土褊狭，户口篡繁"，统治者推行向外征伐、扩张版图的政策，渐肆强横。尼泊尔与西藏西南边境犬牙相错，故其对西藏虎视眈眈。

尼泊尔是藏印贸易的中转站，素有"印藏孔道"之称，与西藏之间交通贸易，一直相安无事。然而廓尔喀王朝建立后，双方贸易摩擦不断。因双方贸易以廓尔喀银钱为交易货币，后廓尔喀以新铸银钱比旧钱成色好为由，要求每一新铸银钱抵两个旧银钱，西藏贸易官员拒绝了这一无理要求。此外，西藏一直以食盐贸易廓尔喀粳米，然廓尔喀人妄称盐内掺有沙土等，导致贸易不公。乾隆五十三年（1788）六月，廓尔喀以上述两借口向西藏发起进攻。"西藏番众，素性懦弱"，廓尔喀军所到之处，守军节节溃退，相继侵占宗喀、济咙和聂拉木三地，并进逼胁喀尔，班禅驻地扎什伦布寺处于危险之中。消息传至京师，清廷迅疾调拨援兵自四川入藏抗击廓尔喀入侵。乾隆皇帝还特别发布上谕，以宽慰达赖喇嘛，曰："廓尔喀边隅小部，跳梁小丑，挑起此乱，尔达赖喇嘛不必恐慌，奋力阐法为是，朕拨大军与粮饷，将保护尔！"清军集结拉萨城，面对声势浩大的清军，加之又遭遇雪灾，廓尔喀军主动撤退并求和。然而，红教喇嘛萨迦呼图克图未经驻藏大臣和达赖喇嘛同意，"专主见行"，私自派人与廓尔喀军议和。乾隆皇帝听闻后十分震怒，认为与廓尔喀讲和，难保其永不再侵犯边境。九月，御前侍卫、理藩院侍郎巴忠受命入藏统筹大局。十一月，巴忠抵达拉萨。巴忠为迅速"边界廓清"，让廓尔喀立具甘结，保证永不侵犯边界。次年春，为让廓尔喀尽快全部退出所有侵占地方，班禅之父等西藏僧俗代表前往与廓尔喀说和。然而在未经请示驻藏大臣、达赖喇嘛及钦差等员的情况下，西藏僧俗代表私自与廓尔喀军达成撤兵协议，双方议定：西藏地方向廓尔喀每年缴"元宝三百个，合银一万五千两，永远按年付给"。但事关重大，西藏僧俗代表恐不能承担如此经济赔偿，最终又议定银两缴付自五十四年始，三年后再议。西藏地方官员以金钱换和平，廓尔喀则认为是西藏"许银贿赎"，按约撤兵。后巴忠虽知议和实为"赔款赎地"，但为"边界廓清"了事，不顾达赖喇嘛"行剿"的建议，抛却乾隆皇帝要对廓尔喀"痛加歼戮"的谕令，竟然也默认议和协议，且以廓尔喀"畏服"撤兵奏报乾隆皇帝。这给乾隆皇帝造成廓尔喀因天朝"国威远播"而"畏威乞降"撤兵的错误认识。

对于藏廓议和，八世达赖喇嘛并不认可，认为"巴忠所办之事甚错，应以行剿为是"，决定不履行藏廓私议所谓"赎金"。乾隆五十五年（1790）十月，廓尔喀派人前往拉萨收取"赎金"，遭到达赖喇嘛的拒绝。五十六年三月，达赖喇嘛独掌政务，以巡阅边防驻军、修缮庙宇为由派人前往聂木拉与廓尔喀军商谈"许银贿赎"事。六月，廓尔喀军先发制人，囚禁达赖喇嘛代表团成员，并以西藏地方当局不履行协议为由，再次发兵入侵西藏。很快，定日、济咙等地相继沦陷，廓军围困宗喀，班禅驻地扎什伦布寺再次陷入危机。驻藏大臣保泰决定护送七世班禅撤离扎什伦布寺，前往拉萨与达赖喇嘛同住布达拉宫。四天后，扎什伦布寺沦陷。面对廓尔喀的来势汹涌，时任驻藏大臣保泰、雅满泰等慌乱中为保护达赖喇嘛计，规劝其移居昌都，但遭到拒绝。达赖喇嘛认为"廓尔喀军不可能到达（拉萨）"，即使抵达，还可率领精通战术的僧侣抵抗。后乾隆皇帝对达赖喇嘛的镇定自若大加赞誉，特赐给大制帛一方、珍珠念珠一串以示嘉奖。

八月，消息传至京师，虑及"许银贿赎"事情必将败露，巴忠畏罪自杀。乾隆皇帝尖锐地指出，廓尔喀再度入侵，实由巴忠等人"不思久远稳定，惟图苟且了事，以致今日复生事端"，"若不痛加惩创，断不能使之慑服"。他一仍前次廓尔喀入侵时的主张：武力驱逐廓尔喀，一劳永逸以靖边地。特命福康安为将军，海兰察为参赞大臣，率一万七千余精兵，从青海和打箭炉两路进兵。十二月，达赖喇嘛特别致信福康安，表示将全力支持军事剿灭廓尔喀入侵，"诚愿竭力筹措"军队所需各项物资。达赖喇嘛的表态，让乾隆皇帝十分高兴。为避免前次西藏地方僧俗官员与廓尔喀私立合约，乾隆皇帝将其中利害通过福康安宣谕达赖喇嘛等知道，要求西藏与中央一并同心戮力，以期彻底扫除廓尔喀。

在达赖喇嘛、驻藏大臣及西藏地方官员的通力协助下，没有了粮草等后顾之忧，清军入藏与廓尔喀军交战后势如破竹，长驱直入，相继收复聂木拉、济咙、宗喀等地。乾隆五十七年（1792）五月，清军前锋更是推进到廓尔喀境内，廓尔喀数次投表请降、纳贡。福康安在综合清军各种不利（如极寒天气及粮草供给问题）条件后，奏请乾隆皇帝允许廓尔喀请降、纳贡。奏到，经军机大臣等商议，最终同意福康安所请，清军从廓尔喀撤军。至此，第二次驱廓之战结束。

福康安画像

在两次驱廓保藏战争中，清政府耗费大量人力、物力。在战争中，清廷也认识到了中央在西藏政策上诸多潜在的问题。乾隆五十七年十二月，福康安等奏疏提出办理西藏善后事宜"十八条"。经军机大臣等议覆，经增订后颁行《钦定藏内善后章程二十九条》，对西藏宗教事务与地方行政进行改革。在宗教方面主要涉及以下几方面：为清除在灵童转世上出现的弊病，特制定"金瓶掣签"办法，对达赖喇嘛、班禅额尔德尼及各呼图克图的灵童认定做了详细的规范，最终将达赖喇嘛等继承人人选权利掌握在中央政府手中；严格限制达赖喇嘛、班禅额尔德尼亲属参政、干政，或借其名声行不法事；西藏各寺院的管理者堪布的任命权掌握在达赖喇嘛、班禅额尔德尼和吉济咙呼图克图三人手中，以改变以前堪布"经商谋利，贪财好货，甚不称职"的局面；驻藏大臣须及时了解各西藏寺庙僧人动向，监视青海等地方蒙古王公与西藏僧俗之间的往来，以确保中央及时了解西藏局势。在地方行政方面，首先提升驻藏大臣的地位，与达赖喇嘛和班禅额尔德尼相同。无论大小事情，噶伦以下官员及管事喇嘛等均应知会驻藏大臣办理；完善官员建制及升迁机制，将西藏地方政府最高官员噶伦的任命权收归中央，由皇帝直接任命；将西藏地方司法权收归驻藏大臣办理。此外，在经济、军队驻防方面，清廷均作出较大的改革。通过以上一系列政策，使清廷对西藏地方的控制进一步加强，对西藏的安定和清朝国家的统一具有重大的意义。

《平定廓尔喀战图册》之"廓尔喀使臣至京"

经济篇

"一夫不耕或受之饥"：清代的农业

明清鼎革，战乱灾害频仍，百姓流徙，农业生产凋弊。"无地则无民，无民则无赋。"清政权建立后，招辑流民，开垦荒地，渐次恢复农业生产，遂成为清初最大的政治议题之一。为激励百姓垦荒，清廷先后数次制定垦荒政策，如有主荒地令本主开垦，无主荒地招民垦种，其无力者，官给牛、种以资耕种，并逐步放宽赋税起征年限，或三年、五年、七年至十年不等。还规定流民在所至地方由州县地方给予印票凭证，准其入籍垦荒，无主荒地可"永为己业"。为推进招民垦荒的成效，清廷还将招垦荒业作为官员考绩的重要内容，并制定了严格的劝垦奖惩措施。至康熙中期，农业生产得以恢复并有长足的发展。据载，康熙二十四年（1685）时，户部在册耕地面积达六百余万顷，至康熙后期，全国耕地面积数额已经超过明朝万历时期。

雍乾时期，清廷继续立行劝垦政策并制定新的"招民事例"，给予贫民与流民牛具、籽种以开垦耕种。在此政策的刺激下，报垦者积极响应，垦荒取得了巨大的成效。据统计，仅乾隆朝全国报垦面积就近六百万亩。这一时期，垦荒范围由内地而边疆，且多与军事相关，尤以内、外蒙古和新疆屯田最有成效。

"农为天下之本务。"清代历朝皇帝劝课农桑、指导农事，皆十分重视农业技术的革新与推广，如推行轮作复种、间作套种、深耕细作等耕作技术，防治虫害，加强田间管理，以提高旱作与稻作的产量。

中国是一个传统农业国家，先民们在实践中形成了诸多农业礼仪，祭先农与耕耤礼便是其中之一。祭先农与耕耤礼始自周代，历代皆沿袭之。每年农耕之始，帝王要祭祀先农，亲自耕田，行耕耤之礼，以寓劝农督耕之意。清初皇帝亦多仿行之。雍正帝时，清廷还将此农业礼仪推广至各州县仿照施行。皇帝亲身躬耕地亩，通过象征性的礼仪起到为民示范的作用，也推进了清代国家农业的发

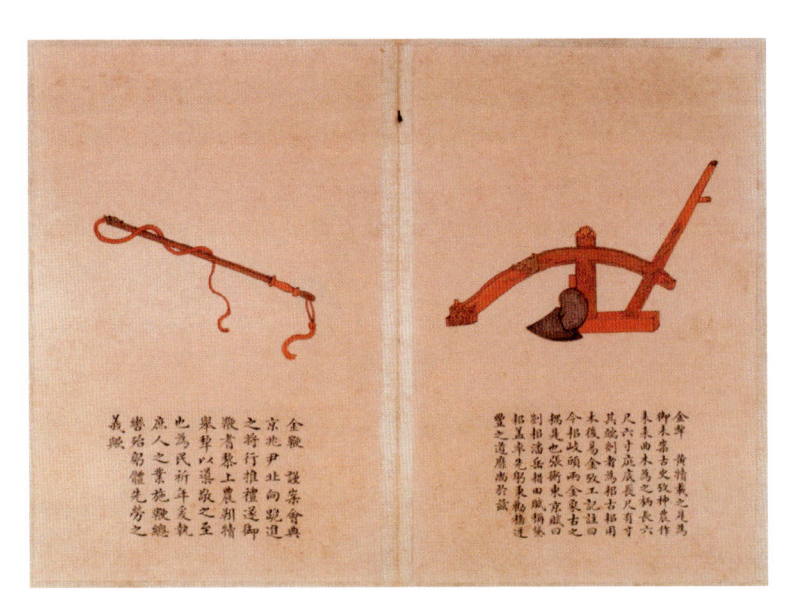

《农具图册·金犁 金鞭》,故宫博物院藏

展。咸同以降,内忧外患,耕耤之礼逐渐懈怠,多由亲王、朝中官员等代行,但仍未废弛。

在传统农作物之外,清廷亦十分重视经济作物和新作物的种植推广,积极倡导多种经营。清前期的主要经济作物有蚕桑、棉花、烟草、甘蔗等。

"农桑乃为政之本。"与农耕一样,蚕桑亦是关乎社稷民生的重要生产活动,历代皇帝亦十分重视蚕桑之利,并形成"皇后亲蚕北郊"的礼仪传统。明朝时,种桑养蚕织丝多在江南一带,尤以浙江为盛,其蚕桑之利甲天下。明清鼎革,桑蚕织业被祸,日渐衰竭。清初,顺治、康熙皇帝多次劝谕地方官员重视植桑养蚕,欲图振兴与恢复农桑织业。雍正时期,除继续"法祖"推广蚕桑外,还于雍正十三年(1735)建先蚕坛,意在恢复"皇后亲蚕北郊"的礼仪传统。乾隆元年(1736),将"先蚕坛"改称"先蚕祠",以太常寺官员祭祀行礼。七年,清廷正式恢复"皇后亲蚕北郊"礼仪传统,规定:每年三月,皇后率众妃嫔"亲飨先蚕","躬桑",蚕成茧后,皇后献茧给皇帝、皇太后,并率妃嫔至织房亲行"缫丝礼"。皇后缫三盆,妃嫔从缫五盆。

孝贤皇后像

孝贤纯皇后，富察氏（1712—1748），原为弘历嫡福晋，乾隆二年（1737）十二月立为皇后。十一年（1746）生皇七子永琮。十三年（1748），随乾隆皇帝东巡，返程时病逝于德州。因其生前克勤克俭，深得乾隆喜爱，故特旨赐谥孝贤皇后。

"帝王之政，莫要于爱民，而爱民之道，莫要于重农桑。此千古不易之常经也。"至乾隆时期，清廷加大对植桑养蚕的重视力度。"蚕桑为小民生计攸关，与稼穑并重"，多次谕令各州县官员随时留心查勘适宜植桑之地，以推广蚕桑。由官帑出资采买秧苗免费提供农户种植。为提高织染技术，或专门延聘善植桑养蚕者赴各地教授育蚕缫丝之法，或预备织具，设局教民学习。经此善策，乾隆一朝植桑养蚕已由江南地方而华南闽、粤，再经西南四川、贵州、云南而至西北陕甘之地。各地广植桑株，加之官方教民学习织染技术，民间纺织业呈现出欣欣向荣之景。至晚清鸦片战争后五口通商，中国所产蚕丝大量进入国际市场，清廷再次劝谕植桑育蚕之策，"以广利源"。

"桑余之利，木棉最广。"棉花是天下百姓衣被之主要原料，系必需之品，劝课植棉成为历代皇帝农业战略中的重要内容。"棉之功不在五谷下"，清初康熙帝已经认识到棉花之于国家的重要地位，特作《御制木棉赋》，推广植棉之效益。经过清廷的大力推广，至乾隆时期全国棉花种植已"北至幽燕，南抵楚粤，东游江淮，西极秦陇"。凡是种植棉花之地，"无不衣棉之人，无不宜棉之土"（李绂《种棉说》）。乾隆朝是棉花推广种植的黄金时期。方承观在直隶总督任上近三十年，任内极力推广棉花种植，取得很大的成效，直隶属内"农之艺棉者（已）什八九"，部分州县"种棉花之地，约居十之二三"，而宁津县"种棉者几半县"。方承观还命人将其推广种植棉花的经验与技术绘成《棉花图》册进呈乾隆帝御览。此图册遂成为朝廷推广棉花种植的指导书。

蚕桑、棉花的大量培育与种植，促进了棉布等丝织品、棉纺织品的生产，丰富了人们的衣被原料。与此同时，大量丝、棉纺织品的需求又促进了桑蚕、棉花的培育与种植。

推广新作物是清廷的一项重要农业举措。自明中叶以来，玉米、番薯等国外农作物随着商船纷至沓来，成为百姓日常餐桌上的食物，极大地丰富了中国百姓的饮食结构。由于地理环境、耕地不足和老百姓对新事物的认知等因素，清以前玉米种植仅局限于西北、西南、华南等地的局部州县，番薯也仅在广东、福建和浙江地区种植。直至清初这种局面仍没有多大的改变。雍乾时期，社会承平，

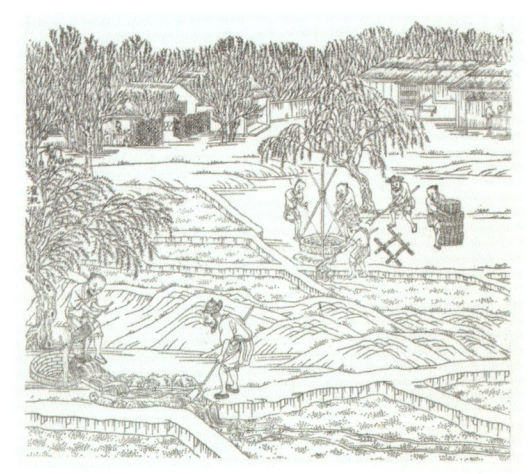

灌溉

摘尖

采棉

轧核

《御题棉花图》册

乾隆三十年（1765）四月，方承观将其多年考究棉花种植的经验，编成《棉花图》进呈乾隆帝，条举木棉事例十六则并绘成图，依次为布种、灌溉、耘畦、摘尖、采棉、拣晒、收贩、轧核、弹花、拘节、纺线、挽经、布浆、上机、织布、练染，描述了从种棉到成衣的全过程。每图皆有解说，并附有乾隆帝御题诗和方承观七言诗各一首，故又名《御题棉花图》。此图册是我国现存最早的一部关于棉花栽培及加工技术的总结性专著。

人口增长过快，食物消费激增，经过朝廷推广种植，具有粗纤维宜饱腹的玉米、番薯等种植遍及全国各地，成为百姓餐桌上除稻、麦等正粮之外的重要补充。番薯亦由明人眼中的"菜部""蔬部"升列清人眼中的"谷部"。

水灾、旱灾、蝗灾是古代农业面临的最大自然灾害。与前两者相较，蝗灾对农业的危害程度最大，有时甚至是毁灭性的。明代农政学家徐光启在《除蝗疏》中讲："惟旱极而蝗，数千里间草木皆尽，或牛马毛幡帜皆尽，其害尤惨过于水旱也。"清前期是蝗灾频发的时期。据统计，顺治至乾隆时期发生规模较大的蝗灾共计有七十余次，其中顺治朝八次，康熙朝三十二次，雍正朝三次，乾隆朝二十七次。

蝗灾严重威胁农业收成，对此历朝皇帝都采取了诸多的灭蝗措施。康熙帝在总结前人捕蝗经验，撰成《捕蝗说》一篇，提出了根据蝗虫不同生长阶段采取针对性的捕灭方法，如在每年冬天预先掘蝗种，将其扼杀在"生息"之前，即所谓"去恶务绝其本"；若不能净，则待其生息成蝻子时采取火烧之策。康熙帝还让地方官员从民间老农处咨访捕蝗之经验，并积极推广施行。此外，康熙帝还多次谕旨驳斥"蝗不成灾"旧论，强调"捕蝗弥灾，全在人事"的正向观点。

乾隆时期，在捕蝗政策与方法方面上都有了全面的完善。清廷推出官民上下齐抓的捕蝗政策，即以捕蝗之成效作为奖惩地方官员奖惩的重要依据，而对民则推出"以米易蝻"的政策，农户捕蝻子一升，换米一斗，意在激励农户捕蝗。乾隆时期，已经形成了完善、系统、有效的捕蝗方法。江苏淮阴太守李源在任内十分重视捕蝗之法的总结与推广。他将当地农户捕蝗灭蝗的经验总结为十条方法：翻耕盖蝗，扑捕飞蝗，用灯捉捕，收买蝗虫，放鸭吞蝗，挖沟驱入，庐帘围倚，空地围打，搜挖蝻子，五更捕蝗。为了更好地将此方法推广开来，乾隆二十四年（1759），李源还命人将其绘成《捕蝗图册》，以图文并茂的形式直观有效地传播捕蝗灭蝗之策。《捕蝗图册》是对先民防治蝗灾经验的总结，体现出的是一种实用的农业智慧。

《捕蝗图册》之"芦帘围倚"

《捕蝗图册》之"放鸭吞蝗"

所谓"水利为农田之本",故历代皇帝都十分重视河务与农田水利工程的建设。清初,黄河、淮河泛滥无算,河患不断,沿岸河南、山东、安徽、江苏等地内涝洪灾不断;运河经年失修,堵塞不畅,影响漕粮北上。"水利一兴,田苗不忧旱涝,岁必有秋,其利无穷",康熙帝对河务工程与农业生产、政治稳定之关系有着清晰的认知。河务曾与"三藩"、漕运一起成为康熙帝夙夜廑念的"三大事"。

康熙时期的水利工程主要集中在对黄、淮河和永定河(原称浑河)。康熙十六年(1677)清廷任命安徽巡抚靳辅为河道总督,全面负责督修黄河、淮河和运河事宜。靳辅延请陈潢助其治理河务。靳辅等亲往淮河流域实地查勘,先后上呈《河道敝坏已极疏》《经历河工八书》二折,提出综合治理黄、淮、运河以解决河道壅塞与变迁治理思想,提出筑堤与疏浚相结合的策略,具体办法是采取修筑漕堤、堵塞决口、疏浚淤塞河道,最终引导河水流入大海;在黄河中游南岸筑堤,在黄、运河两岸增建减水闸,并开挖中河,使运河与黄河分离。康熙帝曾在南下江南时数次亲临治河工地,亲自巡察堤岸、访问耆老,并提出自己的治河意见与建议。治理黄、淮河工程持续十余年,最终使黄河"水归故道,漕运无阻",黄、淮泛滥成灾的水患威胁得以基本解除。史载,经此次治理后黄河"二十年间无大患",即可说明之。此后,河道总督王新命、于成龙、张鹏翮等仍以靳辅、陈潢治河方略为主,继续坚持"以堤束水,借水攻沙"的方法,保持了黄、淮河道的畅通。黄、淮水患的解除保障了运河漕运的畅通,也为江淮地区的农业生产提供了生态保障。

雍正、乾隆时期,清廷将更多的精力投放到江、浙海塘的修整工程上,以确保江、浙"鱼米之乡"农业的发展。乾隆帝南下江南,其中最为重要的一项内容就是视察黄、淮河道,以表达其对治河事务的重视。

"一女不织或受之寒"：清代的纺织业

随着棉花种植和植桑育蚕的逐步推广，以及棉纺织工艺的提高，棉纺织业和丝织业的发展在清代手工业生产中十分突出。受地理位置和气候条件的影响，以及区域社会经济的发展变化，纺织业的发展格局渐次形成。大体而言，明至清初棉纺织业主要集中在江南，于是形成"北棉南运，南布北销"的局面。至清中叶时，棉纺织业在全国范围内兴起，渐次形成以江苏、浙江、山东、河南、河北为中心的棉纺织区，与此同时，湖北、湖南、四川、贵州、陕甘等地的棉纺织业亦得以发展。江南则成为丝织业的中心。

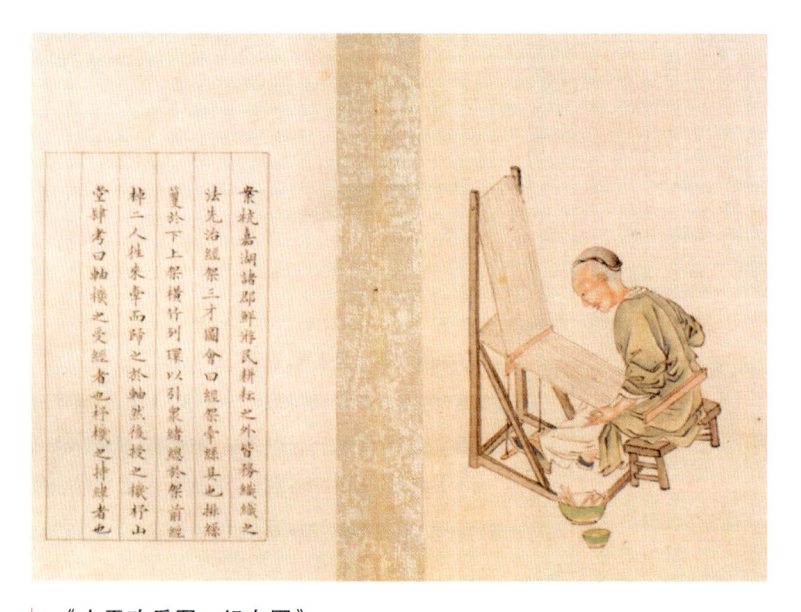

《太平欢乐图·织布图》

清董棨绘，左纸右绢，故宫博物院藏

清初，北方的植棉业迅速发展，棉纺织业也开始从江苏、浙江等处明末最主要的棉纺织区向北方推进，在植棉区山东、河南、直隶等省迅速推广。直隶是清廷培育的新兴植棉和棉纺织区。到乾隆时期，直隶所属冀、赵、深、定诸州"农之艺棉者（已）什八九"，不仅棉产量"富于东南"，且"其织纴之精亦与松、娄匹"

（见《授衣广训》）。另如河间府、永平府等处"妇勤于绩"，棉纺织业亦"比屋皆然"，十分兴盛。北方棉纺织业的迅速发展并未影响到"南布北销"的旧格局，松江地区的棉纺织品仍旧为贸易大宗，行销全国各处。其原因是人口激增（至乾隆时期人口总数已超过三亿）将意味着对棉纺织品需求的扩大，松江棉纺织业以巨大的生产能力和精良的纺织质量取胜，仍占有广阔的市场。"松太所产（棉布），卒为天下甲"，而崇明县所产棉布又"擅名海上"，行销至山东、北京、内蒙古、江苏及长江一带。与此同时，江南棉布还销往国外，成为欧洲时尚上的畅销货。直至鸦片战争之前，棉布外销的贸易量十分庞大，约在100万—330万匹之间，出口量仅次于茶、丝，位列第三。

《钦定授衣广训》

嘉庆十三年，嘉庆皇帝谕令董诰等重新编刻《御题棉花图》册颁行天下，并为每幅图各作诗文一首，与乾隆皇帝诗文并刻，还增刻康熙帝《圣制木棉赋并序》一文，更名为《授衣广训》。此举意在表达其"法祖"（效法先祖）的执政理念，也体现出其对棉花种植及纺织业的重视。

清初，战乱频仍，纺织业在变乱中停滞不前，甚至出现"城市罢织""布商不行"的艰难窘境。随着国家的统一和政治环境的稳定，棉纺织业得以较大发展，但直至鸦片战争前，棉纺织业依旧处于家庭手工业阶段，并未从农业中分离出来，是"以织助耕"。除满足家用衣被所需棉布外，农民开始出售剩余的棉纺织品。棉纺织品的收入开始成为一些农户家庭收入的主要来源，"一切公赋，终岁经费，多取办于布棉"，"躬耕之家仍纺棉织布，抱布易银，以输正赋，而买食米"，于是纺织也开始由副业变成主业，成为农户的"衣食之利"，甚至出现农户"燃脂夜作，有通宵不寐者"的生产景象。

　　随着棉纺织业的扩大和市场的发展，一些地方纺与织日渐分工，形成专业的纺户与织户。纺户纺纱出售，机户买纱织布。纺户与机户开始转化成小商品生产者，"男耕女织"的传统自然经济开始分解，商品经济开始兴起。机户出资经营，机匠计工受值。在纺织业发达的江南地区，机户通过垄断纺织原材料等手段来压榨与盘剥机匠。这也引起城市机匠们的不满，经常出现罢织（时称"叫歇"）的情况。雍正时期，苏州机匠为要求机匠增加佣金而举行联合罢织。雍正十二年（1734），苏州府特立《奉各宪永禁机匠叫歇碑记》，禁止机匠聚众"叫歇"。

《永禁机匠叫歇碑》

全名为《奉各宪永禁机匠叫歇碑记》。雍正时期，随着南方纺织业的兴盛，机户与机匠之间的矛盾日益激化。雍正十二年（1734），苏州府长洲县出现机匠罢工、要求改善待遇的事件。经官方干预，最终以改善机匠待遇为终。但为禁止机匠聚众叫歇（罢工），勒加（工）银，特立此碑以禁绝之。

清廷大力推行"植桑育蚕"之策,加之蚕丝与丝织品外销的刺激,使丝织业的发展十分突出,尤以江南地区最为发达。丝织业主要集中在江苏苏州府、江宁府,浙江杭州府、湖州府、嘉兴府等处。江南成为丝织业的中心。

苏州、江宁、杭州三地是明清宫廷三织造局的所在地。"上用"与"官用"的大宗缎匹等织品皆由三处织造局(统称"江南三织造")负责掌理织造。江南三织造始置于明,各委提督太监一人督理。明天启七年(1627),苏、杭二局奉旨终止织作,仅留江宁一处织作以供内廷之需。

| 乾隆后妃礼服——石青缎绣彩云金龙嵌金板棉朝褂

雍正皇帝穿过的明黄色绣云龙皮龙袍

清宫皇后燕居便服——香色纳纱八团喜相逢单袍

明清鼎革之际，江宁织造亦被迫停止生产。顺治初期，清廷相继恢复杭州、江宁、苏州三织造局的生产，以供宫中服用所需。其时三织造钱粮事宜等均隶户部管辖，后又改归工部管辖。顺治三年四月，鉴于明后期宦官"擅威福于内"，"肆荼毒于外"，以致干乱朝政之教训，清廷又罢织造太监，改户部郎中督理。五月，升工部启心郎陈有明为本部侍郎，命其督理苏、杭两处织造事务。是年又议准，每织造署设监督、笔帖式、库使各一人，任期三年，年满后更换。顺治十一年（1654）十月，受满洲世职佟义和宦官吴良辅"煽惑"，顺治帝裁撤内务府，仿明"内官二十四衙门"旧制，设"十三衙门"，内置八监、三司、二局，各衙门亦沿明旧称。"织染局"复立，仍由内监过问或掌管三处织造事务。

顺治十八年（1661），清廷议裁十三衙门，复设内务府，织染局遂被撤。议准，织造改隶内务府，各监督等任期为一年。康熙元年（1662）议准，三处织造各增设库使一员。二年又议定，织造官缺由工部在内务府郎中、员外郎内人员中拣选引见补授；司库员缺，于三处织造笔帖式、库使及在京笔帖式、库使内拣选；笔帖式、库使员缺，于在京笔帖式、库使内引见调补。至此，清廷确立了三处织造官缺成为内务府专差的定例，且不限制织造的任期。当然，这也是清廷设专官负责国家织造事务之始。此后虽有增损变动，但多循此例。乾隆二十八年（1763）六月，清廷改定三织造处笔帖式、库使任期，以五年为期更代。

清初易代之际，江南三织造常因战乱及兵饷告匮等因而停织。顺治时期，江宁织造额设织机五百六十五张，苏州织造八百张，杭州织造七百七十张，共计两千一百三十五张。迨至康熙二十五年（1686）以后，其织造事宜方始逐步走上正轨。全乾隆十年（1745）时，三织造处有很大发展，共设机器一千八百余张，平均每处保持在六百张左右（此外三织造还控制着不少的民间机房）；有机匠五千五百余名，其他匠役一千五百余名。

雍、乾、嘉时期，三织造生产最盛，技艺最精。各织造局生产种类大体以"上用缎匹，内织染局及江宁局织造；赏赐缎匹，苏杭织造"为要，但全不尽然，其生产上用、官用缎匹，有多寡之别，而无有无之别。各织造处应织花样、颜色、数目，均由内务府广储司缎库、茶库拟定，分派该织造处照式织办。凡大红蟒缎、大红缎、片金、折缨等项，派江宁织造承办。纺织绫、杭䌷等项，杭州织造承办。毛青布等项，每年需用三万疋以内，苏州织造承办，需用至四、五万疋，则分江宁等处织办。

除主要办理宫廷所需大宗织品外，还要负责采办或定做宫廷所需精美的竹子、漆作、木作、玉作等陈设器物，以及笔墨、笺纸文房用具等各项活计。雍正时期，三织造还被赋予管理户部、工部所属部分税关的税之责。雍正二年（1724），议定浒墅关税务由苏州织造兼管。六年，又定龙江、西新二关税务归江宁织造兼管。七年，又命浙江南、北新关由杭州织造"就近管理"。

瓷器的黄金时代：清代的制瓷业

清代手工业在生产技术、生产规模、商品产量上，均超越了明朝。清代农业生产的迅速发展，尤其作为手工业原料的经济作物的种植推广，为手工业的发展提供了基础。人口的激增和消费的需求，也是刺激手工业生产最为直接的因素。

制瓷业是传统手工业中的重要行业之一。清康、雍、乾时期，官窑制瓷种类繁多、制作精美、烧造技术纯熟，达到中国古代制瓷史的巅峰。清初，清廷在久负盛名的陶瓷产地景德镇设御窑厂。由于战争频仍、经济凋敝等因，御窑厂不能独立完成宫廷御用瓷器的烧制，遂延用明末以来就已经流行的"官搭民烧"的方式。所谓"官搭民烧"，即御窑厂官员先依样制胚、装饰好官窑器，然后由民窑来负责烧制；出窑接收后，再由御窑厂支付"搭烧"费用给民窑窑主。康熙时期，为保证御用瓷器的烧造，遴选督陶官专责瓷器烧造，逐步建立起完备的瓷器烧造与管理制度。

清康、雍、乾时期景德镇御窑瓷器的高度发展与当时的几任督陶官臧应选、郎廷极（1663—1715）、唐英（1682—1756）等坚持创新制瓷工艺的努力密不可分。康熙十九年（1680），康熙皇帝先是派工部虞衡司郎中臧应选等赴景德镇督造、监烧官用瓷器。作为第一批驻守景德镇的督陶官（同时被派去的还有广储司郎中徐廷弼、主事李廷禧、笔帖式车尔德），臧应选等人与当地瓷工积极改革瓷器,最终成就了以单色釉闻名的"臧窑"系瓷器。《景德镇陶录》记曰:臧窑"土坯腻,质莹薄,诸色兼备;有蛇皮绿、鳝血黄、吉翠、黄斑四种尤佳,其烧黄、浇紫、浇绿、吹红,吹青者亦美"。臧窑烧制的单色釉尤以鲜红(豇豆红)为最。除此外,"臧窑"还积极创烧珐琅彩瓷,为后来珐琅彩瓷的成功打下基础(后文将叙及)。

| 清康熙豇豆红釉洗、印盒、太白尊、菊瓣瓶

康熙四十四年(1705),时任江西巡抚郎廷极监管御窑厂瓷器烧造事务。在郎廷极督造瓷器期间,御窑厂又被称之为"郎窑"。郎窑的最大特色是对明代永宣时期著名釉色瓷器的仿烧。其最大成就是仿明代宣德红釉,创烧出闻名于世的"郎窑红"。郎窑红以铜为着色剂,在1300℃以上的高温还原气氛中烧成。其特点是釉汁肥厚,釉色鲜红浓艳,宛若初凝牛血,表面玻璃光泽。由于红釉在高温下流动性大,所以烧制技术要求非常高,成品率极低。故民间有"若要穷,烧郎红"之说。郎窑还以仿烧明宣德时期的青花、祭红、祭青、天白瓷和成化时期的青花、斗彩瓷最为擅盛,故称此时的景德镇窑口为"郎窑"。清人刘廷玑《在园杂志》中对郎窑仿烧明代瓷器的成就给予很高的评价,认为郎窑"仿古暗合,与真无二"。其仿烧永乐甜白釉瓷器,"与真成毫发不爽","诚可谓巧夺天工矣";"其摹成宣,釉水颜色、橘皮棕眼、款字酷肖、极难辨别"。

清康熙郎窑红釉观音尊

此外，郎窑还创烧粉彩瓷（详见后文）。

自雍正四年（1726）起，雍正皇帝谕令时任督理淮安关监督年希尧兼管御窑厂事务。这一时期的御窑瓷器被称为"年窑"。年窑仍以仿烧明代青花、祭红、钧釉瓷器为要务。雍正六年（1728），内务府员外郎唐英被派往景德镇御窑厂，协助年希尧督造瓷器。在二人的通力合作下，御窑厂瓷器烧制的品类日渐丰富。乾隆元年（1736），一直协助年希尧督造宫廷用瓷的唐英接任淮安关监督并兼御窑厂督陶官（后接任九江关监督并继续管理瓷务）。乾隆朝，唐英曾于乾隆元年至十四年（1736—1749）和乾隆十七年至二十年（1752—1756）先后两次管理御窑。与清廷前几任督陶官的理念不同，除继续仿烧历代诸色瓷器，唐英将工作重心放在了瓷器创新上。先后成功仿烧出官窑、汝窑、钧窑、哥窑等古瓷名品，还研烧出仿漆器、木器、铜器等类的瓷制品，具有高超技艺的交泰瓶、双联瓶、转心瓶、玲珑瓶、冠架等瓷器新品类不断涌现。此举既满足了乾隆帝摹古、追新之心理，又使宫廷御用瓷器呈现出异彩纷呈、蓬勃发展的面貌。唐英也因此深受乾隆皇帝的喜爱。在致力于御窑制瓷工艺的创新外，唐英还著有《陶成纪事》《陶冶图说》《陶人心语》等书。

| 清乾隆仿古铜彩描金彩牲耳尊

| 清乾隆粉彩镂孔夔龙纹转心瓶

| 清乾隆仿木纹釉带座花盆

经济篇

111

有清一代，除继承和日臻完善宋元以来诸种制瓷工艺外，还成功创烧出粉彩、珐琅彩和各色彩瓷新品种。

粉彩瓷器属于釉上彩品种之一，是康熙晚期景德镇创烧的彩瓷新品种，成熟于雍正、乾隆两朝（乾隆朝又称"洋彩"）。粉彩是在五彩瓷的颜料中新加入含砷的"玻璃白"（As_2O_3），以粉化各种材料。许之衡《饮流斋说瓷》中讲："软彩又名粉彩，谓彩色稍淡，有粉匀之也，硬彩华贵而深凝，粉彩艳丽而清逸。"粉彩瓷器亦是在烧制成型的素瓷上先用"玻璃白"打底，后施彩。彩绘多采用传统书画中的没骨法，所绘物象皆粉润柔和，浓淡相宜，富有层次感。雍正时期，粉彩瓷流行至极盛，取代五彩瓷而成为釉上彩中的最主要品种。《雅陶》中对雍正粉彩有至高之评价："粉彩以雍正朝为最美，前无古人，后无来者，鲜娇夺目，工致殊常。"乾隆时期，粉彩瓷受欢迎之程度依旧。道咸以降，粉彩瓷多沿袭雍、乾时期所创品种，少有创新。著名者有道光"慎德堂制"、慈禧"大雅斋""体和殿制"款粉彩瓷器。

清雍正粉彩蟠桃纹天球瓶

清乾隆绿地粉彩花卉纹多穆壶

　　珐琅彩瓷器是釉上彩瓷器的一种，亦创烧于康熙时期。"珐琅彩"是从欧洲的"铜胎画珐琅"移植而来，即将铜胎画珐琅技术移到瓷胎上，故又称"瓷胎画珐琅"。康熙帝还谕令在内务府造办处设立珐琅作，专门负责烧制珐琅瓷器。其时，珐琅彩瓷先是由景德镇烧制薄胎素瓷，运抵北京后由造办处如意馆画师依照皇帝御制图样精心绘制，再由珐琅作入窑低温二次烧制而成。其时，珐琅彩需要从欧洲进口，严重制约着清廷珐琅彩瓷的制作。康熙、雍正皇帝相继命人炼制珐琅彩料。雍正六年（1728）以后，内务府造办处已经能够自己研制二十余种珐琅彩料。此后，珐琅彩器烧制技术已臻成熟，清廷扩大珐琅彩瓷的烧制。至乾隆时期，珐琅彩瓷是诗、书、画、印俱佳的艺术珍品，烧制走向高峰。然而，嘉道以后珐琅彩瓷鲜有烧制，渐趋没落。

清康熙胭脂红地珐琅彩宝相花纹团寿字碗

清代瓷器富于装饰，瓷器上装饰凡动植物、山川自然、亭台楼阁、人物童子等无所不括，且"图必有意，意必吉祥"。

| 清康熙五彩人物故事棒槌瓶 | 清雍正斗彩团花纹天球瓶

清代民窑制瓷，多仿明代瓷器。与明代相较，清代民窑制瓷工艺上既有继承又有创新，呈现出器物造型繁多、工艺精细等新特点。民窑系统中以德化窑、石湾窑和宜兴窑等最为有名。

"人间都会最繁华"：清代的苏州城

苏州是明清时代最为繁华的工商业城市之一。早在明中期时，苏州城已十分繁盛，城内"治雄三寰，城连万雉，列巷通衢，华区锦肆，坊市棋列，桥梁枙比。梵宫莲宇，高门甲第"（莫旦《苏州赋》）。晚明至清初，苏州得以持续发展，康熙时期苏州府阊门内外，已是"行人水流，列肆招牌，灿若云锦，语其繁华，都门不逮"（孙嘉淦《南游记》卷一）。苏州城内工商业高度发达，形成多元化的工商业体系，主要有丝织业、棉纺织业、碾米业、酿酒业、榨油业、纸业、印刷业及珠宝业等行业。

苏州虽"地产木棉花甚少，而纺之为纱，织之为布者，家户习为恒产"。清代康熙时期，苏州已经发展成为著名的丝织业、棉纺织业生产、贸易中心。苏州丝织业在江南地区首屈一指。据统计，清康熙时期苏州的织机总数由明后期的一千五百部左右增加到数千部。至清乾隆时期，织机总数已经曾至一万两千部以上。苏州城内纺织业一直占据东城。早在明中期时，苏州城内居民就多以丝织为业，且以"东城为盛，比屋皆工织作，转贸四方，吴之大资也"。明万历时"东北半城，大约机户所居"。至清康熙时期，已经是"郡城之东（居民），皆习机业"的图景。乾隆时期，苏州东城纺织业更为繁盛，"比户习织，专其业者不啻万家"。

明中后期，江南棉纺织业、加工业发展以松江最盛。明末清初，江南棉加工业则由松江移至苏州，"苏布名称四方"。棉加工业主要由踹压和染色两道工作程序。据统计，康熙时期苏州城内有布商近八十家，染坊近七十家，在染坊从事踹布的踹匠多达万人以上。这些踹匠"均非土著，悉系外来"，主要来自江苏江宁，安徽太平、宁国等地。随着纺织业的不断发展，江苏、安徽人大量移来苏州加入棉纺织业，他们仍主要从事踹布（踹匠）、染布（染匠）的工作。至雍正初期，苏州城内外踹坊已多达六七百家，踹匠人数已经激增至两万余人，染匠也在万余人以上。有学者保守估计，乾隆时期从事纺织业的工人（包括织工、踹匠、染匠等）总人数应该在十万人左右。徐扬《盛世滋生图》上描绘了阊门外二十二家棉布店店铺，从招牌上可见，除出售苏州本地棉布外，还出售产自松江、芜湖、京口、崇明等地的棉布。

乾隆时期，苏州已然成为当时南方最大的工商业城市。由于傍依运河的优势，这里"商贾辐辏，百货骈阗。上自帝京，远连交广，以及海外诸洋，梯航毕至"（《山西会馆碑记》），商业的发展让苏州城市非常繁荣，时人谚言：除了京师之地，苏州是"人间都会最繁华"之地，人们纷纷汇集于此，逐渐形成了以地缘、祖籍为特征的职业，如珠宝玉器行业的主要是苏州本地人，称之为"苏帮"，其作品被称之为"苏作""苏造""苏式"等，深受皇家的喜爱而被珍藏宫廷，如今在北京和台北故宫博物院都能看到大量精美的"苏作"玉器、珠宝等器物。雍、乾时期，随着大批南京玉工移来，逐渐形成了"京帮"，并与"苏帮"形成争竞之势，两者制作技艺已难分伯仲，乾隆皇帝曾赋诗赞曰："专诸巷里工匠纷，争出新样无穷尽。"又如苏州城的蜡烛制造者多为绍兴人，冶铁者多为无锡人，造纸者多为江宁、镇江人。

《盛世滋生图》（又名《姑苏繁华图》）中绘苏州城自枣市街到阊门山塘一代，沿河两岸商店鳞次栉比，如今可辨认的店铺招牌形形色色，琳琅满目，有宁绸、湖绉、濮院绸、杭绸、山东茧绸、沂水茧绸、汉府八丝、崇明大布、松江标布、京芜湖梭布、浦城建烟、金华火腿、宁波淡鲞、南京板鸭、南河腌肉、胶州腌猪、东北人参、江西瓷器等，俨然一幅苏州"图志"。据学者范金民粗略统计，《盛世滋生图》中人物摩肩接踵、熙来攘往者多达12000余人；河中船帆众多，有官船、货船、客船、杂货船、画舫、木排竹筏等类近400条；街道上商店鳞次栉比、招牌高扬，可以辨认出的约有260余家，主要行业门店及数量如下：丝绸店铺14家、棉布坊23家、染料店4家、蜡烛店5家、酒坊4家、凉席铺6家、漆器店5家、珠宝玉器店8家、笔庄书坊10家、瓷器业7家、粮店16家、钱庄及典当铺14家、酒馆等副食店31家、茶室6家、药材铺13家、南北杂货（售卖金华火腿、宁波淡鳖、南京板鸭等类）5家、洋货行（售卖珠玩、象犀、苏木等西洋舶来品）2家、杂货业（售卖油、盐、糖等类）17家、酱园5家，还有皮货行、乐器行、花木行、澡堂等类。

百工竞逐，贸易发达，商贾、佣工、文人等纷纷汇集于此，所谓"士之事贤友仁者必于苏，商贾之籴贱贩贵者必于苏，百工杂技

《盛世滋生图》

乾隆二十四年（1759），宫廷画师徐扬绘。该图描绘了乾隆时期苏州城内外的繁盛景象。画面自灵岩山起，至虎丘山止，沿途举凡工坊市肆、舟船车轿、田耕鱼罾、市廛交通、婚寿宴饮、舞榭歌台、士民生活等无不描摹，被誉为乾隆时期的"苏州图志"。

之流其售奇鬻异者也必于苏"。据研究蠡测，迟至康熙时期，仅苏州府城的人口就已经达到七十万左右。乾嘉时期，这一数字已经上升至百万以上，苏州俨然已经成为江南"大都会"。

商品经济的发达，使苏州城内市民的淳朴民风逐渐趋向奢靡，"日甚一日，衣裳冠履，未敝而屡易，饮食宴会，已美而求精"，且服装制造者经常"以新式诱人，游荡者以巧治成习"。

社会生活篇

男娶女嫁：清代社会婚姻制度与观念

"丈夫生而愿为有室，女子生而愿为有家。"婚姻是一种社会关系，是人类生理本能在实践中规范化后的产物。简言之，就是男娶女嫁。

满洲入关前一直实行早婚制，对男女双方的年龄没有明确的规定。由于没有可以遵循的依据，满洲族群中低龄成婚的现象十分普遍。在汉族大臣的建议下，天聪九年（1635）皇太极对女子适婚年龄做出了明确的界定："凡女子十二岁以上者许嫁，未及十二岁而嫁者，罪之。"满洲入关，建立起全国性的中央政权，在诸多方面均实行"清承明制"之策。在社会婚姻方面，亦承袭明朝"男年十六以上，女年十四以上"可缔结婚姻的规定。

恩格斯在《家庭、私有制和国家的起源》中讲道："结婚是一种政治行为，是一种借新的联姻来扩大自己势力的机会。起决定作用的是家世的利益，而绝不是个人的意愿。"《礼记·昏义》又曰："昏姻者，将合二姓之好，上以事宗庙而下以继后世也。故君子重之。"在古代宗法社会中，婚姻观念又被赋予了门第观念。如晋代时的"良贱禁婚""士庶不婚"，到唐代时的"官民不婚"等。清朝是一个由僻居边疆一隅的少数民族满族建立的中央王朝，清代婚姻观念除继承传统婚姻制度与观念外，又加入了满族婚姻制度与观念，呈现多元化的特征。但"嫁女婚男，先择门第"，传统的门第观念仍是清代官民嫁娶、缔结婚姻的首要理念。

除却门第观念之外，清廷以法律形式对婚姻成立的条件予以严格限制。《大清律例》《大清会典事例》等法典规定：同姓不婚（主要指同宗不婚），"凡同姓为婚者，各杖六十，离异"；良贱不婚，良指的是户籍编制中的民人、军士、商人等，贱指的是奴婢、娼优等。法律规定："凡家长与奴娶良人为妻者杖八十，女家减一等，不知者不坐。其奴自娶者，罪亦如之，家长知情者减二等，因而入籍为婢者，杖一百。若妄以奴婢为良人，而以良人为夫妻者杖九十，各离异改正。"严禁文武官员及子孙娶"乐人"（清代属娼优类），规定："凡官吏，娶乐人为妻妾者，杖六十，并离异；若官员子孙娶者，罪亦如之；附过，候荫袭之日降一等，于边远叙用"；僧道等"出家人"不婚，规定："凡僧道娶妻妾者，杖八十，还俗；女家同罪，离异；寺观住持知情，与同罪；不知者不坐。"

除以上以明确法律规定禁止缔结婚姻的类型外，满汉通婚问题是清朝历史上的一个重要问题。清初，清廷为实现对汉民族的统治，一直标榜"汉满官民，俱为一家""不分满汉，一体眷遇"，对满汉民族间的缔结婚姻也持开放的态度，当然这不适用于宗室与皇室成员。顺治五年（1648）八月二十日，摄政王多尔衮还通过顺治帝谕令礼部：

> 方今天下一家，满汉官民，皆朕臣子，欲其各相亲睦，莫若使之缔结婚姻，自后满汉官民，有欲联姻好者，听之。

然而，由于满族统治者"首崇满洲"，实行旗人、民人分区居住的隔离政策，造成了客观上的"旗民有别"，如此"满汉不通婚"便成为大家一直以来的印象。但据清史学界的研究，浩如烟海的清史文献中也没有"满汉不通婚"这一法律条例。其实，所谓"满汉不通婚"实质上是指"旗民不通婚"，因为八旗内部的满洲八旗、汉军八旗之间的婚姻缔结经常发生，而在旗的旗人与汉人之间的婚姻缔结则受到限制，即所谓"旗民不通婚"。但若仔细考察，"旗民不通婚"仅是一种单向的行政约定，也没有针对出现"旗民通婚"如何处理的法律条文。据《户部则例》载：民人之女准与旗人联姻，并一体给与恩赏银两；旗人之女不准与民人为妻。道光十六年（1836）三月，清廷还特别制定违反"旗人之女不准与民人为妻"时的惩罚措施：民人聘娶旗人之女者，一律照"违制律"治罪，并将旗女"开除户册"。

"旗民不通婚"其实质上是清朝统治者为保持"满洲"的纯洁性而考虑的。在汪洋般的汉文化面前，为保持"满洲特色"，乾隆皇帝多次强调"国语骑射"，着力于重塑满洲文化，重建"满洲本位"的政治运动。但为解决日趋严重的"八旗生计"问题，汉军八旗被作为"沉重的包袱"甩出"八旗命运共同体"，即所谓的"汉军八旗出旗政策"。随着各地汉军八旗子弟出旗，清廷亦准许他们与汉人缔结婚姻。

前已叙及，"旗民不通婚"仅作为一项行政约定存在于《户部则例》，并没有上升至律例层面如《大清律例》，在道光十六年之前也没有制定相应的违反惩处措施，所以民间旗、民之间"私相聘娶"的现象一直存在。咸同时期，突破旗民关系，民间满汉之间互相聘娶的现象已经十分普遍。至光绪初，"旗民不通婚"已经完全丧失了行政效力，徒具形式。为消除政治上日趋严重的"满汉畛域"，缓和满汉民族矛盾，光绪二十七年（1901）底，慈禧通过光绪皇帝谕令内阁，正式明确提出开禁"满汉通婚"（旗民通婚）：

> 朕钦奉皇太后懿旨："我朝深仁厚泽，沦浃寰区，满汉臣民，朝廷从无歧视。惟旧例不通婚姻，原因入关之初，风俗语言或多未喻，是以着为禁令。今则风同道一，已历二百余年，自应俯顺人情，开除此禁，所有满汉官民人等，着准其彼此结婚，毋庸拘泥。……如遇选秀女年分，仍由八旗挑取，不得采及汉人，免蹈前明弊政，以示限制而恤下情。"将此通谕知之。

此外，为实现对边疆地区"分而治之"，清廷在边疆民族地区实行"封禁"政策，其中严禁到边疆民族地区从事贸易的商人、垦荒耕种的民人与边疆少数民族，如维吾尔族、哈萨克族、蒙古族等缔结婚姻。这一政策，最终也在光绪二十七年随着那份"满汉通婚"的懿旨而被解除。

自古以来婚姻形式多样，有聘娶婚、抢夺婚、转继婚、选婚、指婚、童养媳入赘等多种形式，聘娶婚是传统中国社会的主导形式。清代社会婚姻形式亦以聘娶婚为主导，即"男娶女嫁"的形式。清代聘娶婚遵循传统婚姻程序中的"六礼"，即"纳采""问名""纳吉""纳征""请期""新迎"，前四项程序系订婚，后两项则为结婚。对一般百姓而言，嫁娶并未完全遵循此程序，相对较简。"父母之命，媒妁之言"，聘娶婚多以男女双方父母为主导，通过媒人来传递信息、撮合双方成婚。成婚时须由祖父母、父母主婚，无祖父母、父母等特殊情况者，亦按"先尊而后卑，先亲而后疏，先内亲而外戚，先男而后女，惟卑幼不得为尊长主婚"的原则进行。

《礼记·昏义》曰："昏礼者，礼之本也。"清廷还对结婚与伦理、习俗之间的禁忌作出明确的界定，以示对"礼"的维护。《大清律例》规定：一居丧不婚，即守丧期间不能举行婚礼，其惩罚措施是："凡父母及夫丧，而身自嫁娶者，杖一百"；男子居丧娶妾，妻、女嫁人为妾者，各减二等。朝廷命妇夫亡再嫁者，罪亦如之；祖父母、伯叔父母、姑兄、姊丧而嫁娶者，杖八十。一囚禁不婚，即家中凡有长辈因事被囚禁者，子孙不得成婚。《大清律例》规定："凡祖父母、父母犯死罪被囚禁，而子孙嫁娶者，杖八十；女子嫁人为妾者，减二等。"当然，法律也有例外。子女成婚乃"父母之命"，如果是奉被囚禁的祖父母、父母之命而成婚（娶妻、嫁女），此项法律则不适用不坐。但为表示对祖父母、父母的孝道，举行婚礼时"不得筵宴"，有违反者杖八十。

婚嫁"重彩礼"之风盛行是清代民间婚姻关系的一大特点。清初，民间婚姻缔结大多遵循"大率门户相当者为之，贫富之相较为后"的习俗，然而随着社会承平，生齿日繁，各地婚嫁逐步趋向首"重财"之风气，并愈演愈烈。康熙时期浙江《上虞县志》中记载了当地嫁女重财之风及其导致的社会后果。时"富家嫁女，务侈妆奁之丰厚；贫家许字，大索重金。甚有因嫁女而荡产，缘娶妇而倾产者，以至穷苦小民，老死而不能婚"。至雍正、乾隆时期，婚嫁重财之风更甚，全国上下"贫富皆然"，形成"女索重聘，男争妆奁"的社会恶俗。对此，乾隆朝翰林院检讨夏醴谷如是批评："将择妇，必问资装之厚薄，苟厚矣，妇虽不德，亦安心就之；将嫁女，必问聘财之丰啬，苟丰矣，婿虽不肖，亦利其所有而不恤其他。"

今翻检清代各地方志，婚嫁"先论财"、重财之描述随处可见。"女索重聘"，雍乾时期，民间婚姻索要聘金，中平之家自四五十两至百两不等，富裕之家则多达二三百两至近千两不等。巨额聘金，让一般庶民子弟不敢奢望婚姻，只能"老死而不能为婚"。除巨额聘金外，还要提前建造屋舍，准备婚宴、服饰、金银器物等，所花费银两数额当不少。"男争妆奁",女方需要为此准备丰厚的嫁妆,多女之家等女儿出嫁后,家庭多已被拖垮。如此婚嫁恶俗,造成"嫁娶均难"的尴尬局面。嘉道时人吴荣光在《吴学录初编》中对当时社会中婚嫁重财之风的恶俗予以记述并提出尖锐批评:

> 至于昏(婚)不及时,徒尚奢侈。自行聘以迄奁赠彩帛、金珠,两家罗列内外器物,既期华美,又务精工。迎娶之彩舆、镫仗,会亲之酒筵、犒赏,富家争胜,贫者效尤,一有不备,深以为耻,不顾举债变产,止图一时美观,以致两家推诿。期屡卜而屡更,相习成风,贵贱一辙。不但男女怨旷,甚至酿成强娶赖昏(婚)之狱,至戚反成仇雠,过门立见贫窘。富者不为子女惜福,贫者不以八口自计,推求其故,皆缙绅之族(世家大族)不以节俭相先,故无以为编氓之率也。

清前中期,在民间婚礼中日渐哄抬聘财数额及奢靡之分的现象,历朝政府都有关于婚娶聘财数额及禁奢之规定。如雍正元年规定:汉人婚娶纳采及成婚礼,绸绢不得过四,果盒不得过四,其金银财礼,官民概不许用,至庶民妇女,有僭用冠帔、补服、大轿者禁,违者罪坐夫男。然由于缺乏执行的具体机制,所谓"禁奢"并未见到成效,民间迎婚嫁娶仍以论财为先,不论贫富,竞逐仿效。宴饮酬酢,以"约不至陋,丰不及靡"为最好,然出现大肆铺张操办之分。迨至嘉庆时更是出现"婚丧之用或至十倍于昔"的局面。

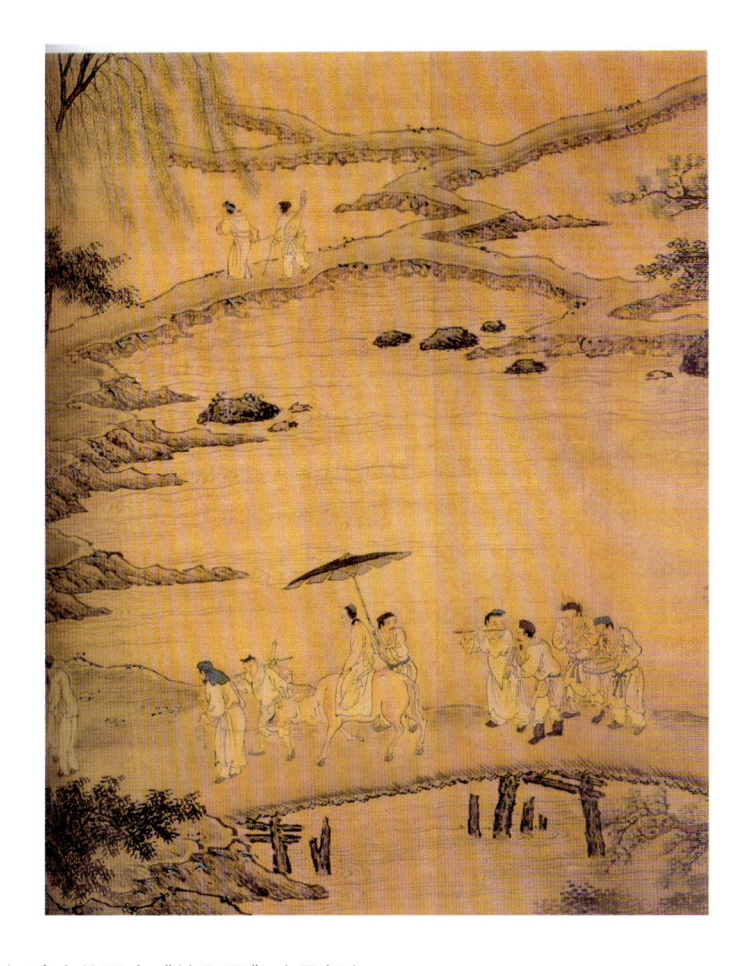

清人仿明人《嫁娶图》（局部）

该图描绘的是明代乡间民人婚娶的场景。图中娶亲队伍正行进在木桥之上，四个乡间乐师组成迎亲演奏乐队在队伍之后随行，鼓瑟和鸣；男方家院门口长者与新郎已准备好迎接新娘，邻里友朋围观于旁，院内人头攒动，屋内妇女准备宴饮之用，男人们围桌畅饮闲谈，更有席地而坐猜拳行酒令者，两乐师弹琴吹瑟以助兴，小狗儿亦被欢快的气氛所感染，吠吠似为和声。值得注意的是，图中新娘所乘的并非文献中所见的各式花轿，而是一头耕犁用的老黄牛，女方陪嫁之妆奁甚简，只需一童子即可担挑，院中仅几桌宴席，场面亦并不宏大。凡此等等，可以认为，画家表现的应该是其理想中的婚礼场景。画家仿绘明人婚姻嫁娶的场景，或许意在通过此表达对明代婚礼节俭风气的向往，和对当时婚礼奢靡之风的反感。

"古稀白发会琼筵"：清朝宫廷的四次千叟宴

尊老敬贤是中华文化的优良传统。满人入关后，统治者积极承继并仿效这一传统。顺治元年（1644），顺治皇帝即位，颁布诏书以恩赏老年人：军民年七十以上者，许一丁侍养，免其杂派差役；八十以上者，给与绢一匹，帛一斤，米一石，肉十斤；九十以上者倍之。此后历朝凡遇有各重大节庆，如皇帝即位，皇帝、皇后万寿，皆以各种方式赏赐或优待老年人以示尊荣，遂成为定例。此外还推行旌表百岁老人（"人瑞"）、广设养济院收养鳏寡孤独及重倡始自周代的尊老敬贤之古制——"乡饮酒礼"等。

千叟宴是清朝宫廷大型宴筵之一，也是清朝皇帝践行尊老敬贤理念的方式之一，故被称之为"养老尊贤之旷典"。千叟宴始创于康熙五十二年（1713）。是年三月，康熙皇帝即将迎来六旬万寿，各地现任或致仕文武官员、士绅、耆老等纷纷请求抵京祝寿。康熙皇帝遂决定宴请前来祝寿的全部人员，并谕令各地方政府预备车马护送行动不便的老人顺利至京。虑及参与宴筵的人数众多，最终决定宴筵分直省和八旗两班分别举行。三月二十五日，康熙皇帝在畅春园正门前宴请直隶各省文武汉大臣、士庶等六十五岁以上人员，共计四千二百余人；二十七日，在此宴请满洲、蒙古、汉军文武大臣、兵丁、闲散人等六十五岁以上人员两千六百余人。宴席中间，康熙帝还命人扶掖八十岁以上老人至御前亲视饮酒，并分别赐给白金等物。时虽未有"千叟宴"之名，但实为清朝"千叟宴"之始。

康熙六十一年（1722）正月，年届六十九岁的康熙皇帝以提前庆祝七十万寿的名义，谕令举行第二次千叟宴。地点则选在乾清宫前广场，参加人员年龄限制亦在六十五岁以上。此次宴筵亦分八旗、直省两班分别举行，人数总计一千人。这次宴筵，康熙皇帝还让皇子、皇孙们前来观礼，并代自己向年老者端杯倒酒，时年十二岁的

汪承霈绘《乾清宫千叟宴图》(局部)

弘历正好参与其中。宴席上,康熙皇帝乘兴作七言诗文一首,以表达自己在千叟宴上的欢畅心情。诗文曰:

> 百里山川积素妍,古稀白发会琼筵。
> 还须尚齿勿尊爵,且向长眉拜瑞年。
> 莫逊君臣同健壮,愿将亿兆共昌延。
> 万机惟我无休息,日暮七旬未歇肩。

参与宴会的满汉词臣们纷纷以诗文恭和,竟多达一千余首,最终集成《千叟宴诗》。"千叟宴"之名始自于此。

雍正十三年（1735）九月，弘历即位于太和殿，以明年为乾隆元年，是为乾隆皇帝。乾隆皇帝一直以"法祖"自诩，曾两次组织举办"千叟宴"。乾隆四十九年（1784），卷帙浩繁的《四库全书》将编纂完毕，次年又逢执政五十周年。是年三月间，乾隆皇帝在一次非正式谕令中，将自己计划在次年举行的千叟宴盛典说出，"朕于明岁新正举行千叟宴，凡内外文武官员年在六十以上者，皆与赐宴"。十月间，乾隆皇帝正式发布将于次年正月在乾清宫前重开"千叟宴"盛典的谕令：

> 我皇祖冲龄践祚，统驭寰区，仁渐义摩，涵濡休养。康熙年间曾举行千叟宴，与中外臣民跻寿宇而迓繁禧，诚为千载一时之嘉会。朕诞膺丕绪，敬绍鸿图，仰承昊眷顾福佑。朕躬年逾古稀，尚能康强勤政，惟是敛时锡福，期举世咸登仁寿，着于乾隆五十年正月初六日举行千叟宴盛典，用昭我国家景运昌期，重熙累洽，嘉与中外臣民耆老，介祉延禧之至意。所有一切事宜，着各该衙门敬谨豫备。

乾隆皇帝重开"千叟宴"盛典，意在"用昭我国家景运昌期，重熙累洽，嘉与中外臣民耆老，介祉延禧之至意"。但背后深层次的原因，则是乾隆皇帝意在展示其统治下的文治武功，标榜其"法祖"康熙、雍正皇帝的治国理念。

乾隆皇帝谕令一出，从中央到地方各有关衙门无不精心筹备。期间，各地奏报上来的消息称，有不少年逾九十高龄的兵民人等将进京参加千叟宴盛典。为表示对这些耆年的体恤之情，十二月间乾隆皇帝特别谕令：所有参加千叟宴的官员、兵民年逾九十以上者，俱准其子孙一人扶掖入宴；文武大臣年逾七十者，令其自行揣量，如步履稍艰，亦准其子孙一人扶掖入宴。按乾隆皇帝原先计划，参加"千叟宴"盛典的规模将控制在三千人。为安抚不能参加盛典的八旗兵丁，乾隆皇帝还想出了特别的主意，以示体恤：所有年逾七十以上各兵丁在入宴人数之外者，着加恩按年岁各赏给银牌一面。腰牌呈椭圆形，牌上端作云头纹饰，两侧有小圆孔。牌面四周饰有双龙戏珠纹，中间开光横书"御赐"，直书"养老"。牌背面光素，中间阴刻楷书"乾隆五十年千叟宴"，侧刻"重十两"。

乾隆五十年（1785）千叟宴养老银腰牌

为体现国家"养老尊贤"之至意，乾隆皇帝还特命人铸造金、银养老腰牌赏给参加宴会的老人。

  乾隆五十年正月初六日，乾清宫前人头攒动，乾隆皇帝正在这里举办"千叟宴"盛典。参加者凡现任、致仕文武官员、绅士、外藩王公、披甲、民人耆老及朝鲜等属国使臣等计三千九百余人。宴中，乾隆皇帝还亲自举起酒杯，赐给九十岁及以上的耆老，并赏给他们珍珠文玩等。宴筵上，乾隆皇帝亦仿祖父康熙皇帝第二次千叟宴上与词臣等赋诗应和的情景，与词臣们唱和诗文，其饶有兴致地写下了《圣制千叟宴恭依皇祖原韵 乙巳》诗：

> 抽秘无须更骋妍，惟将实事纪耆筵。
> 追思侍陛髫垂日，讶至当轩手赐年。
> 君酢臣酬九重会，天恩国庆万春延。
> 祖孙两举千叟宴，史策饶他莫并肩。

参加宴筵的词臣们依次赋诗唱和以记盛典，所赋诗文共计三千余篇，宴后乾隆皇帝谕令编成《钦定千叟宴诗》。

  乾隆六十年（1795），为不逾越祖父在位六十一年纪录，乾隆皇帝决定禅位给皇十五子颙琰，自己为太上皇。并决定在"授受大典"之后"再启耆筵，以纪重光之盛"。嘉庆元年（1796）正月初一日，举行授受大典，颙琰即帝位，是为嘉庆皇帝。三日后，千叟宴在紫禁城宁寿宫皇极殿举办。据统计，前来参加者人数多至八千有余。为限制入宴者人数，最后只有六十岁以上的亲王、贝子等及官员，七十岁以上的兵民，新疆、蒙古边疆王公大臣及属国朝鲜、安南、暹罗、廓尔喀等国贡使三千余人入宴。其余五千余人仅列名而未入宴。宴会中，乾隆帝照例给九十岁以上老人亲赐御酒，并让皇子、皇孙们给王公大臣们斟酒。此外，乾隆皇帝还特别谕令，赏给京畿及各旗籍兵民缎匹、银锞，并加恩赏给百岁"人瑞"熊国沛（106岁）和邱成龙（100岁）六品顶带，赏给九十岁以上的老民邓永玘、梁廷裕，闲散觉罗乌库里，步甲文保、舒昌阿，马甲王廷柱，内务府闲散人田起龙、王大荣等人七品顶戴，"以示引年养老，敷锡寿祺至意"。

在自己禅位、新皇登极之年重举千叟宴，年逾八十六岁的太上皇乾隆仍表现得十分兴奋，与词臣们一并赋诗唱和。太上皇乾隆依照皇祖康熙皇帝原韵赋诗一首：

嘉庆元年（1796）正月，太上皇乾隆再启千叟宴

这是此次千叟宴上其依皇祖康熙皇帝原诗文韵所赋的诗文。其上继续使用乾隆皇帝年号，是其"归养不归政"的例证。

归禅人应词罢妍，新正肇庆合开筵。
便因皇极初临日，重举乾清旧宴年。
教孝教忠惟一笃，日今日昨又旬延。
敬天勤政仍勖子，敢谓从兹即歇肩。

这是清朝史上的最后一次千叟宴。直至清末，千叟宴再未举行。

康熙、乾隆二帝先后四次在紫禁城举办千叟宴，其最终之目的虽在于密切君臣关系、笼络民心，维护其政治统治，但此过程中又重倡了汉文化中"尊老敬贤"的优良传统，传递出尊老的社会风尚，具有积极的社会意义。

美丽的邪恶之花：鸦片吸食与清代社会

鸦片源于罂粟，是罂粟果汁的提取物。罂粟是一年生植物，花蕾呈卵球形，花色丰富，有红、黄、白等多种，且花朵多硕大而艳丽、绚烂而华美，叶片碧绿，极具观赏性。果实成熟后，内部的罂粟籽可以榨油食用，营养丰富。果实在含苞未熟之际切割，会流淌出乳白色果汁，阴干后便成为生鸦片，含有吗啡（Morphine，MOP）、可待因（Codeine）、那可丁（Rcotine）、罂粟碱等多种生物碱，有麻醉、镇静、止痛、止咳等功效，可入药。

据考古发现，早在新石器时代的欧洲中西部，就已经出现人工种植鸦片的痕迹；公元前3000年左右，两河流域居民最先开始大规模种植鸦片，主要用作调味料，并已经懂得其众多的药理效果；公元前1500年，埃及药物志《埃伯斯纸草书》全面记述了罂粟具有如麻醉、镇痛、止咳、止泻之药理功效；公元前300年，古希腊人除将罂粟用于医疗外，更是经常将其榨汁作为饮料饮用。

罂粟何时传入中国？迄今尚无定论。学界大多认为罂粟是隋唐时期由西域传入中国。宋元时期，罂粟作为一种药材而在各地已经被广泛种植。明代李时珍在《本草纲目》中已经明确了罂粟在治疗痢疾、缓解疼痛、镇咳等方面的功效。研究发现，至少在明朝中期时，罂粟主要仍被作为药品而存在，或本土种植，或从西洋贸易而来。自明嘉靖朝开始，鸦片被作为药材开始由葡萄牙、荷兰、西班牙等国商人大量贩运至中国东南部，转销北方各地。除作为镇痛、止咳的药物外，鸦片还被认为是具有"壮精益元气"的壮阳药物，吸食鸦片以助"房事"之风渐盛。

由于鸦片"其价与黄金等"，故贸易多暴利，至隆庆、万历时贸易规模不断扩大，吸食鸦片之风亦随之更甚。据传，万历皇帝朱翊钧深居内宫、二十余年不理朝政，"群臣罕能窥其面"，于是有大臣怀疑这是由于受"奸臣毒药所蛊"，即系吸食鸦片所致。1958年，考古工作者对万历皇帝的陵墓——定陵进行发掘。在研究过程中，他们对朱翊钧的遗骸进行了科学化验，其中发现有鸦片主要成分吗啡的残留。这也证实了万历皇帝因吸食鸦片而惰政的猜测。有人据此估计，当时王公大臣、达官贵族吸食鸦片者亦不在少数。当然，这一判断还需要更多的研究予以证明。

资料显示，明末清初，鸦片吸食并未普及，它仍主要被医生作为药材使用。明天启四年（1624），荷兰东印度公司占领台湾西部之后，开始将鸦片贩运至台湾，引诱民众吸食鸦片。并以此为据点，将鸦片转销广东、福建等沿海地区。清初实行"海禁"政策时，鸦片被阻挡在大陆之外。康熙二十二年（1683），随着台湾的统一，海禁渐开，同时外商再携鸦片贸易而来，广东、福建等地吸食者渐众。雍正初期，沿海各地吸食鸦片之风日渐风行，并出现专供吸食鸦片的烟馆。鸦片吸食问题日益凸显，且已经严重影响到民生问题。雍正六年（1728），广东碣石总兵官苏明良上奏清廷，力数鸦片对人身心、生命之危害，建议严禁贩卖鸦片，以拯救民生。

次年，清廷制定了中国历史上首个有关鸦片的律例，并载入《大清会典事例》，其内容为：

> 兴贩鸦片烟，照"收买违禁货物例"，枷号一个月，发近边充军。如私开鸦片烟馆，引诱良家子弟者，照"邪教惑众律"，拟绞监候。为从，杖一百、流三千里。船户、地保、邻右人等，俱杖一百、徒三年。如兵役人等藉端需索计赃，照"枉法律"治罪。失察之汛口地方文武各官、并不行监察之海关监督，均交部严加议处。

然而，这项禁鸦片烟之法令似乎并没有得到有效执行，鸦片走私猖獗之风、吸食泛滥之风并未得到有效改善。乾隆时期，乾隆皇帝继承其皇考雍正皇帝的禁烟之策，继续加大对鸦片贩卖者予以严厉打击，惩罚措施由原来"枷号一个月，发近边充军"，改为"枷号一月，杖一百，遣边充戍卒三年"。严厉的法律并没有阻挡鸦片吸食者的脚步。加之，制度行久，弊端丛生，乾隆后期鸦片私贩私销更加猖獗。至嘉庆初期，私贩私销鸦片的问题已经严重化，从广东等沿海地区开始向北方内地各省，乃至京师延及。清廷开始高度重视鸦片给清朝国家"风俗"带来的巨大危害。自嘉庆元年起，嘉庆皇帝不断发布有关鸦片的政令，如严禁外商鸦片贸易、废止鸦片关税、禁止国内鸦片种植，等等。政令频出，但鸦片屡禁不止，吸食者愈来愈众，甚至出现皇帝的侍卫官员、太监等违禁买食鸦片的情况，这让嘉庆皇帝大为震惊，认为对此绝"不能宽贷"。经刑部议定：侍卫官员买食鸦片烟者，革职，杖一百，加枷号两个月；对违禁故意买食鸦片的太监，着总管内务府大臣立即查拏，枷号两个月，发往黑龙江给该处官员为奴。

嘉庆十八年（1813），是清朝统治者对鸦片毒害认知转变的节点。在此之前，对于鸦片吸食所带来的危害，清朝统治者仅仅看作是"风俗之害""大为风俗人心之害""深惑人心""贻害多端"的事，这年，嘉庆皇帝在上谕中明确指出鸦片是"蛊惑人心，戕害生命"的流毒，"其祸与鸩毒无异"。针对此，清廷决定从贸易源头上加大对鸦片的打击，谕令各海关：一经发现奸商私贩鸦片烟冒禁过关，立即拏获，并将鸦片烟立时抛弃入海，奸商按律治罪；从重惩治阳奉阴违并私收鸦片税课的各海关监督；着五城、顺天府步军统领衙门及各直省督抚等一体严查辗转各处私贩私售鸦片者，并按律究办。一场轰轰烈烈的全国稽查鸦片的行动悄然展开。然而，事与愿违，各处查拏鸦片走私的效果不容乐观。鸦片屡禁不止，让嘉庆皇帝十分疑惑，他想出一个自认为比查拏政策"事半功倍"的策略，即"杜其来源"，严堵鸦片进入内地的源头粤海关。他指出，外商携带的鸦片经广东粤海关进入并贩运至内地各省份，只要粤海关各口查禁认真，不许让鸦片丝毫透入内地，则外商便可知道"鸦片烟为中国厉禁之物，不能售卖获利"，便自必不复携带。如果仍有违禁私下与中国商民交易者，查出后按例治罪。

翻阅《清仁宗实录》可以发现，嘉庆皇帝和他的大臣们与私贩私售鸦片的斗争从未停歇，条条法令频出，惩处愈来愈厉，但社会上私贩、吸食鸦片的现状非但没有改善，反而愈加严重。包世臣曾描述当时鸦片泛滥的情景时说，鸦片吸食"转禁转盛"，从福建、广东等地开始，已经恶化到"近则无处不有，即以苏州一城以计之，吃鸦片者不下十数万人"。在粤海关各处官员的包庇、纵容和内外勾结之下，嘉庆皇帝"杜其（鸦片）来源"，查禁鸦片的策略也落空了。外商明知"鸦片烟为中国厉禁之物，不能售卖获利"，但为追求暴利，鸦片走私逐年增加。以英国东印度公司为例，其在嘉庆二十五年（1820）走私至中国的鸦片为5147箱，四年后（道光四年，1824）已经翻倍，达到12639箱。至道光二十年（1840）鸦片战争爆发前，外商每年贩运至国内的鸦片更是达到惊人的35000箱。

除了医生将鸦片用于治疗疾病或缓解病痛外，人们为何吸食鸦片？这与时人对鸦片功效的想象与认知有关。其中鸦片有助于"房中术"的说法，对无论身处社会各阶层的人们来讲都最具诱惑与吸引力。鸦片"主兴助阳事，壮精益元气，方士房中御女之术多用之"；鸦片"尤能坚阳不泄，房中之术多用之"。凡此等等，皆是明代时人们对鸦片与"房中术"的认知。这种认知一直延续到清朝，鸦片经常被人们用来吸食，以"固精保元"，并对外商私贩私销的鸦片与本土种植的鸦片的功效有着清晰的认知，"土鸦片亦能涩精止泻，但力薄少效"。鸦片传入台湾后，土著居民常常以吸食鸦片"为导淫具"，"通宵不寐，助淫欲"。以至于有人判断，吸食鸦片者，"惟是因色而吸者，什（十）有九人"。此说虽不能全信，但精明的商人们将烟馆与妓院开设在一起。鸦片有助于"房中术"的关联，这或许是乾嘉时期仅将鸦片的危害看作是"风俗之害"的直接原因了。

另外一个原因，则是追求吸食鸦片致幻后的欢娱，暂时忘却生活中的辛酸与不易。光绪时人雷瑨在《蓉城闲话》中对瘾君子吸食鸦片后的感受作了描述：

（鸦片）其气芬芳，其味清甜，值闷雨沈沈，或愁怀渺渺，矮榻短檠对卧递吹，始则精神焕发，头目清利，继之胸膈顿开，兴致倍佳，久之骨节欲酥，双眸倦豁，维时拂枕高卧，万念俱无，但觉梦境迷离，神魂骀宕，真极乐世界也。

吸食鸦片，首先是对吸食者精神摧残与身体上的伤害。雍正六年（1728），广东碣石总兵官苏明良在上疏清廷严禁鸦片、拯救民生的奏折中，就已经将鸦片对人的身心、生命健康的危害做了详细描述：

初吸之时，晕迷似醉，身体颇健，淫荡非为，更难枚举，是以少年子弟易坠其术中。迨至年深日久，血枯肉脱，纵自知鸦片所害，急欲止之，则百病丛生，或腹痛而脱肛，或头晕而迷乱，或咳嗽而呕吐。一吸此烟，则诸病立愈，精神百倍，虽苟延一息，然死期日迫。

嘉庆皇帝对鸦片对于人的危害的认识经历了一个变化过程，即从"风俗之害"的"洋烟"到戕害生命、"与鸩毒无异"的流毒："鸦片烟一物，其性至为毒烈，服之者皆邪慝之人，恣意妄为，无所不至，久之气血耗竭，必且促其寿命，实与自饵鸩毒无异。"

随着鸦片大量走私贸易而来和本土鸦片的规模化供应，吸食鸦片者愈来愈众，于是专门供瘾君子吸食鸦片的"烟馆"应运而生。鸦片也由达官贵族、上层社会的专享物，转而成为不分阶层、男女老少趋之若鹜的消遣物。《万国公报》上载有一篇文章，对当时吸食鸦片的"流行"情况做了如下记载：

为仕者，借吸鸦片烟细揣稿案之情形；为商者，借吸鸦片烟议成买卖之价值；为工者，借吸鸦片烟商量事务；为农者，借吸鸦片烟调治劳伤；为兵者，借吸鸦片烟常在营中不出营外。凡是吸食此物之人，莫不言鸦片烟有多多好处，而自兹日加一日矣。

此记载虽有夸大之嫌，但我们通过这段文字对当时吸食鸦片之"流行"有了大概之印象。在当时的一些地区，家家户户率相吸食鸦片，从耄耋老人到几岁孩童，都习惯于吸食鸦片。很显然，在他们的认知里，吸食鸦片已经无关乎风俗、道德，成为正常的社会风气和习惯。除了危害身心健康及为此送命外，吸食鸦片还往往导致吸食者破产，遭遇生计危机。前已叙及，鸦片具有成瘾性，日久便可瘾成，"一经嗜烟，刻不可离，中人之家往往破产"。

　　正是由于鸦片这一流毒，在清中叶以来，"槁人形骸，蛊人心志，丧人身家，实生民以来未有之大患，其祸烈于洪水猛兽"。在统治者内部经历对鸦片的"驰"与"禁"的几番争论之后，在林则徐《钱票无甚关碍宜重禁吃烟以杜弊源片》中"若犹泄泄视之，是使数十年后，中原几无可以御敌之兵，且无可以充饷之银"的刺激之下，为遏制白银外流，挽救生民，道光皇帝终于做出严禁鸦片的决定，委任林则徐为钦差大臣，赴广东查禁鸦片。道光十九年（1839）六月间，林则徐在虎门主持销毁鸦片烟共计二百三十七万六千二百五十四斤。虎门销烟被视为中国近代史上的一次伟大壮举，林则徐也被誉为民族英雄而名垂千古。

　　罂粟，由客观存在的自然物到人类餐桌上的饮用品、调味品，再到能够消除人类病患的良药，最后演变成戕害人类生命的毒物，实在让人唏嘘不已。清朝统治者一直与鸦片相抗衡，法令频出，打击不可谓不严，但鸦片最终酿成最大的社会、政治问题，将近代中国拖入战争的泥沼。如今，毒性远甚于鸦片千百倍的新型毒品不断被制造出来，戕害着人们的身心健康，甚至威胁着他们的生命。如何与毒品斗争，最终消灭毒品，还需要人类的深思。

边疆民族篇

土尔扈特东归

明末，土尔扈特部是西北厄鲁特蒙古四部之一（四部即准噶尔、和硕特、杜尔伯特及土尔扈特部）。随着准噶尔部的日益强大，开始不断蚕食、侵吞其余各部。为避免准噶尔的侵扰、寻找新的游牧地，明崇祯元年（1628），土尔扈特部在首领和鄂尔勒克的带领下举部西迁，一同迁移者还有小部分和硕特、杜尔伯特部众，共计约十九万人。他们长途跋涉，在与一路上阻挠其前行的诺盖人数次斗争之后，越过哈萨克大草原，最终停留在伏尔加河下游一带游牧。从此，土尔扈特人远离祖国的土地，成为身处异乡、"漂落异域的民族"。

《西域回疆图册》之"土尔扈特部"

土尔扈特腰刀

根据鞘上题签可知,这把腰刀系土尔扈特首领渥巴锡进献给乾隆皇帝的礼物。

  土尔扈特人初迁至伏尔加河流域时发现,这里广阔的大草原上水系发达,水草丰美,十分适合游牧。他们在此游牧牲畜,行围猎之利,不久之后就在这里站稳了脚跟,彻底扎下了根。在接下来的一百余年间,在和鄂尔勒克、书库尔岱青、朋楚克、阿玉奇等首领的领导下,土尔扈特人逐渐扩大游牧草场的范围,按照部落传统习惯分"置鄂拓克,设宰桑"管理所属部众,组建"札尔固"为部落最高议事机构。"札尔固"由顾问、助理、法官、金库总管、枢密总管、喇嘛等八人组成,逐步建立并日益巩固自己的游牧政权——土尔扈特汗国。在伏尔加河流域,土尔扈特人始终维持游牧为主、围猎为补充的生产生活方式,在自给自足之余,他们还用猎取的狐狸皮等与俄罗斯人交换茶叶、布匹、丝绸、烟酒及日常生活所用金银器等。这一时期,土尔扈特人也成为俄罗斯帝国军用马匹的重要提供者。

  面对土尔扈特汗国的日渐强盛,俄国人以"恩威并济"的方式拉拢或压制土尔扈特人。起初,沙皇要求土尔扈特加入俄国国籍,或送质子到莫斯科,否则就要驱赶土尔扈特人离开伏尔加河流域,而和鄂尔勒克汗一直采取拒绝和对抗的态度。面对土尔扈特的对抗,俄国以限制双方贸易("经济制裁")等措施予以报复。书库尔岱青汗、朋楚克汗及阿玉奇汗统治时期,当看到土尔扈特人强大的骑兵力量后,俄国人又经常以优惠贸易、战利品及礼物为诱饵,让其参与到俄国对土耳其、德国的战争中，为俄国效力。这一时期，汗国游牧业随着牧场的缩小而趋向衰落，土尔扈特人已经无力参加俄国的对外战争了，但俄帝国的扩张永不停歇，土尔扈特人屡次被强行要求提供军事协助，这给汗国造成了沉重的负担。与此同时，一直垂涎土尔扈特游牧地的俄国不断向伏尔加河下流移居哥萨克人。随着大量哥萨克人的到来，成片的牧场被开垦成土地，牧场日益缩小，以游牧经济为主要经济支柱的土尔扈特人遭遇到了致命危机。

土尔扈特部首领阿玉奇去世后，俄国对土尔扈特采取分而治之的政策，使得汗国陷入内部纷争之中。这种情况在车凌端多布汗、敦罗卜旺布汗、敦罗布喇什汗统治时期愈演愈烈，汗国被拖入内讧之中，逐渐趋向衰落。这一时期，俄国对汗国内部事务控制进一步加强，几位汗王皆采取妥协、忍让的态度。雍正十三年（1735），俄国竟以车凌端多布汗无力组织土尔扈特军队参与其战争而罢免其汗位，并将其执往圣彼得堡。在圣彼得堡，车凌端多布终日酗酒度日，终因此而命丧他乡。敦罗卜旺布汗则从一开始就走向了亲俄的道路，经常率土尔扈特骑兵参与俄国的对外战争。敦罗布喇什一上台，就达成了俄国自和鄂尔勒克汗时就已提出的汗国送"质子"到俄国城市居住的政治要求，将其子阿沙莱送至地处伏尔加河三角洲的俄国城市阿斯特拉罕。至此，俄国对土尔扈特汗国的控制达到顶峰。虽然在族人的舆论压力下，敦罗布喇什汗感到耻辱，于是请求俄国女皇送回儿子，但遭到拒绝。他又计划秘密偷运儿子回国，但因俄方看管严密而不得不选择放弃。清乾隆九年（1744），阿沙莱因无法适应阿斯特拉罕的生活郁郁而终。然而，敦罗布喇什汗因丧子之痛而产生的仇恨心理很快就被俄国的诱饵所消除。

乾隆二十六年（1761），年仅十七岁的渥巴锡继承汗位。三十三年（1768），俄国与奥斯曼土耳其帝国再次爆发战争，土尔扈特再次被要求组建两万人的部队开往前线。与此同时，还要组建一支一万人的军队参与对库班人的军事征服。渥巴锡汗虽数次抗议，但最终在俄国的压力下选择了屈从。战争结束，渥巴锡汗不但没有受到俄国女皇的任何褒奖，还受到来自俄国将军的羞辱。汗国"苦于（俄国）征役"而"人人忧惧"。与此同时，俄国又不断加

土尔扈特首领渥巴锡画像

紧对土尔扈特的控制，欲图使土尔扈特汗国成为自己"一个新的行政区域"。而正在此时，渥巴锡汗开始酝酿一个大计划——东归故土伊犁，摆脱俄国的控制。乾隆三十五年十二月初二日（1770年1月17日），经过充分周密的行前计划，土尔扈特人突袭俄国兵营，击退援兵，焚烧附近的俄国城镇。渥巴锡随之率本部及少量杜尔伯特、和硕特部众约十七万人从驻地出发，踏上了漫漫回国之路。一路上，土尔扈特人冲破俄国军队的围追堵截，冒严寒踏冰雪向东方前进。经过数月的艰苦跋涉，三十六年五月底，土尔扈特先遣队抵达伊犁边境。六月初，渥巴锡率主力部众等抵达伊犁。然而，由于东归途中遭遇俄军的堵截、极端严寒天气及疾病的侵扰，最终抵达的东归人数已经由出发时的十七万人锐减到七万余人，付出了惨重代价。六月二十五日，渥巴锡在参赞大臣舒赫德的陪同下，前往避暑山庄朝觐乾隆皇帝。九月，乾隆皇帝在避暑山庄多次接见渥巴锡汗等人并赐宴筵，询问东归之经过，渥巴锡则向乾隆皇帝进献了宝刀、弓箭撒袋等物。乾隆皇帝封赏渥巴锡为土尔扈特部汗王，策伯克多尔济为亲王，舍楞等部众分别封君王、贝勒、贝子、一至四等台吉等，并"延及子孙，永荷安全之福"。为纪念此重大事件，乾隆皇帝还亲撰《土尔扈特全部归顺记》与《优恤土尔扈特部众记》

黑绒嵌银花撒袋（弓箭袋）

此撒袋为乾隆二十一年（1756）土尔扈特台吉敦多布达什进献给乾隆皇帝的礼物。

两文，对东归之举给予高度赞誉，并命人以满、汉、蒙、藏四种文字镌刻成碑，立在普陀宗乘庙内。

事实上，土尔扈特东归的消息一经传至清廷，乾隆皇帝就命人着手安置问题。土尔扈特人抵达后，乾隆皇帝一面谕令"理宜急加扶绥安插"，命人从附近调集牛羊、米麦、棉布、茶叶等各项生活物资救济（据乾隆皇帝《优恤土尔扈特部众记》记载：新疆、甘肃、陕西、宁夏及内蒙古等地"捐献"的物品有："马牛羊二十余万头、米麦四万多石、茶两万余封、羊裘五万余件、棉布六万余匹、棉花近六万斤、毡庐四百余具。"），一面加紧筹划安置措施。乾隆三十六年（1771）十月至次年正月，经过反复斟酌，清廷终以"众建以分其势"为原则，确定对土尔扈特人的安置方案：策伯克多尔济属部移住和布克赛尔；巴木巴尔属部移住济尔噶朗；默们图属部移住精河；舍楞属部移住科布多青吉勒；和硕特属部移住珠尔都斯；渥巴锡属部留居斋尔地区，特别允准老弱病残者仍在伊犁居住调养。乾隆三十八年（1773）七月，渥巴锡部又被迁至伊犁东南珠尔都斯地区。

土尔扈特选择东归，除了摆脱俄国控制之外（此为"推力"），其信仰的藏传佛教也是促使其东归的重要"拉力"。面对俄国东正教的不断渗透，土尔扈特人仍旧坚持西迁之前的藏传佛教信仰。从和鄂尔勒克开始，土尔扈特历代首领几乎没有中断过遣使臣前往西藏熬茶礼佛。据有限的史料记载，书库尔岱青继承汗位后曾两次亲自前往西藏熬茶礼佛；阿玉奇时期曾五次熬茶礼佛，其中亲往西藏一次，其余则或遣使臣，或遣妻子、儿媳代行；车凌端多布为汗时曾遣使臣代行熬茶礼佛两次，其中一次使臣还专往北京觐见雍正皇帝。

再者，土尔扈特部西迁后并未失去与厄鲁特蒙古其他部族及与清廷间的联系。清崇德五年（1640），面对清军的军事威胁（随着漠南蒙古十六部归附，皇太极积极谋求对喀尔喀的军事打击），喀尔喀扎萨克图汗倡议并召集喀尔喀和卫拉特两部会盟，喀尔喀、卫拉特各部首领参加会盟，远在万里之遥的土尔扈特部首领和鄂尔勒克携其子书库尔岱青长途跋涉，参加了此次会盟，带回了此次会盟形成的法律性文书《喀尔喀—卫拉特法典》。康熙五十一年（1712），康熙皇帝派出以图里琛为首的使团远赴俄国慰问土尔扈特部，受到土尔扈特汗阿玉奇及其部众的欢迎。雍正七年（1729），雍正皇帝又派侍郎托时、副都统满泰借恭贺新沙皇彼得二世即位之机，前往土尔扈特驻地探望。两年后，雍正皇帝又派内阁学士班弟等探望土尔扈特部。清廷两次来使加深了土尔扈特部与祖国的联系，也对他们最终选择东归起到了积极作用。

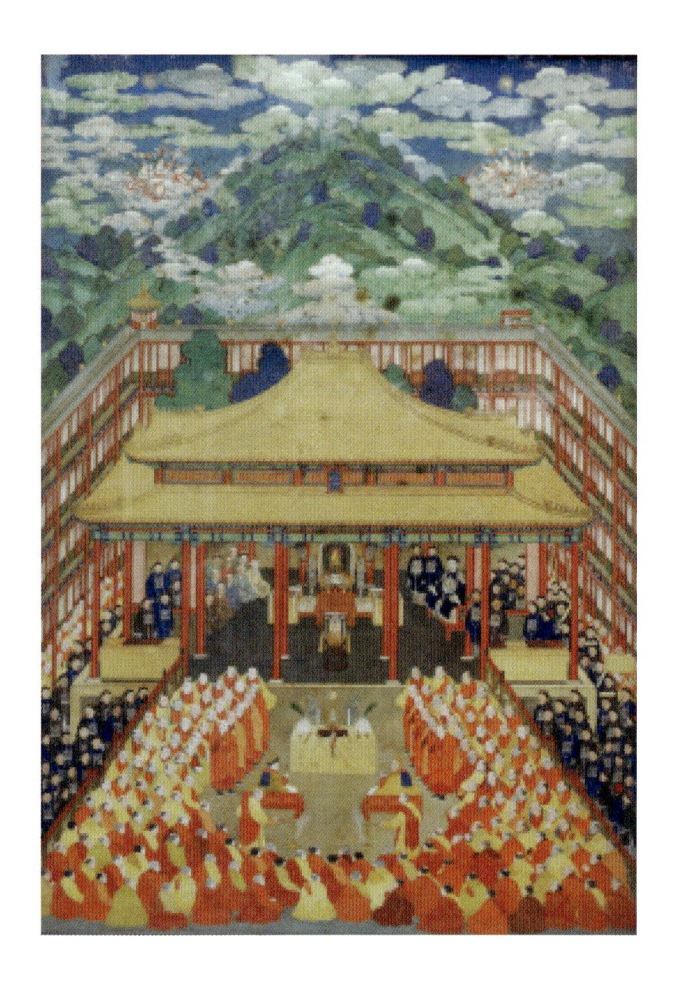

《万法归一图》屏

土尔扈特部回归祖国，清廷对此十分重视。乾隆皇帝在避暑山庄接见并宴请了渥巴锡等土尔扈特将领。土尔扈特部虽长期漂落在异域，但他们一直没有改变对藏传佛教的信仰，一直设法前往西藏熬茶礼佛，于是乾隆皇帝还特意安排渥巴锡等人与自己一起在新建的万法归一殿内听高僧讲佛法。

"金瓶掣签"与西藏政治

清入关前，清太宗崇德四年（1639）就派人与西藏建立了联系。入关后，顺治八年（1653），清廷派人赴藏并邀五世达赖阿旺罗桑嘉措进京。九年，五世达赖率众进京朝觐，全程受到清廷的优渥款待。次年，在五世达赖喇嘛返藏时，清廷册封其为"西天大善自在佛所领天下释教普通瓦赤喇怛喇达赖喇嘛"，赐金册、金印。此举明确了达赖喇嘛在西藏的宗教地位。西藏地方的统治权则由已经臣服清廷的和硕特蒙古顾实汗所掌握。

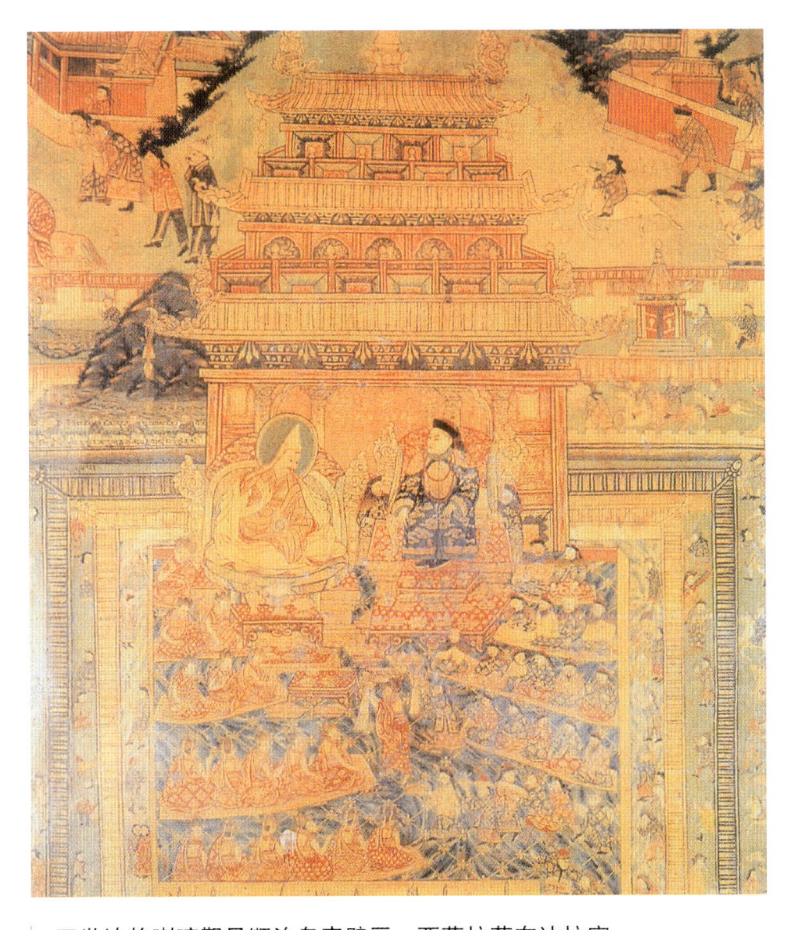

五世达赖喇嘛觐见顺治皇帝壁画，西藏拉萨布达拉宫

康熙二十一年（1682），五世达赖喇嘛圆寂，第巴（总管）桑结嘉措秘不发丧，立仓央嘉措为六世达赖喇嘛，企图引准噶尔蒙古入藏助其夺权。四十四年，和硕特汗国拉藏汗（顾实汗之曾孙）袭杀桑结嘉措，废黜其擅立的伪六世达赖喇嘛。同时，清廷特派侍郎赫寿入藏协助拉藏汗处理西藏政务。为分达赖喇嘛与拉藏汗之权力，康熙五十二年（1713）正月，康熙帝谕令按照册封达赖喇嘛之例，正式册封五世班禅罗桑益喜（1663—1737），赐名号"班禅额尔德尼"，并颁赐满、汉、蒙、藏文金册一份、金印一方。班禅额尔德尼与达赖喇嘛分理西藏宗教事务（班禅主要负责后藏宗教事务）。康熙五十五年（1716），准噶尔部策妄阿拉布坦汗出兵西藏，准噶尔台吉大策凌敦多布入藏袭杀拉藏汗。清廷先后派兵入藏平乱，驱逐准噶尔势力，并以噶伦的名义共同管理西藏地方事务。至此，和硕特蒙古结束在西藏的统治。

清廷颁给班禅额尔德尼的金印

金印印文："敕封班臣额尔德尼之印。"

雍正五年（1727），清廷又派内阁学士僧格与副都统玛拉入藏，代表中央政府监督西藏噶厦政府。此为驻藏大臣制度之始。乾隆十二年（1747），西藏又发生珠尔默特那木札叛乱，平叛后清廷改革噶伦掌政，建立噶厦政府，即设四噶伦（一僧三俗）分理政务。同时，提高驻藏大臣的地位与扩大驻藏大臣的职权。

乾隆五十六年（1791）六月，廓尔喀人突然入侵后藏班禅驻地扎什伦布寺。是年冬，乾隆皇帝派大将军福康安率领近两万精兵赴藏。翌年八月，清军与藏民联合将廓尔喀军驱逐出西藏，并一度攻入尼泊尔境内，逼近加德满都，最终迫使廓尔喀投降，并自愿成为清朝的藩属国按期进贡，不再侵犯边境。廓尔喀人入侵事件，引起了清廷对西藏政局的担忧。其时，西藏地方制度废弛，流弊丛生，亟待改革。乾隆皇帝谕令大将军福康安等，"将来撤兵后，必得妥立章程，以期永远遵循"。接旨后，福康安先后与七世班禅、八世达赖喇嘛会晤，商议制定战后西藏地方章程之事。达赖喇嘛与班禅对清廷"立定法制"十分认同，皆表示将为"实力奉行"。

乾隆帝《御制喇嘛说》

《御制喇嘛说》用藏、蒙、满、汉四体文字刻于石碑上，立于北京雍和宫。

乾隆五十八年（1793），清廷正式颁布《钦定藏内善后章程》二十九条，明确规定：在行政事务上，驻藏大臣督办藏内一切事务，其与达赖喇嘛、班禅地位平等，共同协商处理西藏政务事宜，所有噶伦以下官员、活佛等尽受驻藏大臣节制，凡大小事务皆须禀报驻藏大臣。在宗教管理方面，对于达赖喇嘛、班禅额尔德尼和呼图克图的转生问题也做了特别规定。

活佛转世是藏传佛教独有的一项制度。佛教的化身理论认为，死并不代表灭绝，而是重生的开始。活佛转世最早为噶玛噶举派始创，后延及藏传佛教各派。蒙、藏地方旧俗，呼图克图转生一直由达赖喇嘛所属之拉穆、吹忠（护法者）作法降神，指出呼毕勒罕（转世）所在地（即"预示法"），然后再访求迎归供养。然而，随着格鲁派在西藏的壮大和统治地位的确立，活佛不仅承继宗教权力，还享有很高的政治、经济权力，故而在寻访、认定活佛转世灵童时出现诸多流弊。一些贵族或大喇嘛贿赂吹忠假托神言，任意妄指转世灵童以乘机操纵宗教。拉穆、吹忠"或受贿肆意舞弊，或偏庇亲戚妄指，或达赖喇嘛、班禅额尔德尼暗中受意，令其指谁"，乃至"往往徇私不公，为世诟病"。于是经常出现呼毕勒罕"或出自族属姻娅，或出自蒙古汗王公等家"的情况，而这与蒙古王公、八旗世职官袭替相似无异，"呼毕勒罕率出一族，斯则与世袭爵禄何异？"这让清朝皇帝大为不满。

为避免呼图克图转世经常引起的纷争，清廷决定"整饬黄教"并创行"金瓶掣签"制度，即达赖喇嘛、班禅额尔德尼与呼图克图等转世之后，由驻藏大臣邀集四大护法（分别为拉穆、乃穷、噶东、桑耶）将所选转世灵童的姓名、出生年月用满、汉、藏三种文字书写在签牌上，投入由皇帝专门制作御赐的"金贲巴"（金瓶）内，再派学问高深的活佛诵经祈祷七日，从中抽出一签，由驻藏大臣与各呼图克图在大昭寺释迦佛像前正式认定为"呼毕勒罕"（转世者），最后由驻藏大臣主持坐床典礼。针对如果出现只找到一名转世灵童的情况，其规定掣签时，除写有所选转世灵童名字的签牌外，金瓶内还须另置一枚无字签牌。若抽到无字签牌，则不得认定为初选之灵童，须另行寻访。

拉萨大昭寺

大昭寺，又名"祖拉康""觉康"，位于西藏拉萨市中心，始建于吐蕃王朝松赞干布时期。清代"金瓶掣签"仪式便在这里举行。

　　早在乾隆五十七年（1792），为实行"金瓶掣签"制，乾隆皇帝特别谕令清宫造办处精心制作两个"金贲巴"瓶。是年九月，乾隆皇帝特派御前侍卫惠纶、乾清门侍卫阿尔塔锡第将其中一只"金贲巴"瓶送到拉萨，用以辅助西藏选定达赖喇嘛和班禅额尔德尼转世灵童。十一月二十日，"金贲巴"瓶抵达拉萨，受到西藏僧俗人士的热烈欢迎，福康安等率官兵及各呼图克图大喇嘛出城迎接，八世达赖喇嘛在大昭寺迎候。"金贲巴"瓶被供奉在大昭寺佛楼上宗喀巴像前，达赖喇嘛率领僧众，"梵叹齐宣，极为诚肃"。达赖喇嘛还表示，乾隆皇帝此举"旨在弘扬黄教，以免护法神作弊，自当钦遵执行"。七世班禅也奏章表达对"金瓶掣签"制度的支持："我蒙大皇帝高厚隆恩，有加无已，此次钦差大人远送金贲巴瓶来藏，全为保护黄教，又蒙特赏哈达，传旨赐问，实在感谢天恩，无可图报，惟有率领众喇嘛虔诵万寿经，祝延圣寿。"次年二月，首次"金瓶掣签"仪式在拉萨大昭寺举行，大将军福康安、驻藏大臣和琳等会同八世达赖喇嘛共同为青海、蒙古的五个活佛掣定其转世灵童。

　　清代有四大活佛系统，除西藏藏传佛教的达赖喇嘛、班禅额尔德尼外，还有管理喀尔喀蒙古藏传佛教的哲布尊丹巴活佛、管理漠

金贲巴瓶（北京雍和宫藏）　　金贲巴瓶（拉萨大昭寺藏）

南蒙古和甘肃、青海及四川等地藏传佛教的章嘉活佛。因此，清廷也在后两大活佛系统中推行"金瓶掣签"制度。乾隆皇帝将另一只"金贲巴"瓶贮于京城雍和宫内，用以选定蒙古、四川、甘肃、青海等地各呼图克图转世灵童。在西藏，"金瓶掣签"在大昭寺进行，全程皆由驻藏大臣监督。内地的"金瓶掣签"则在雍和宫进行，全程由章嘉呼图克图主持、理藩院尚书监督，其过程与大昭寺"金瓶掣签"过程无异。《番僧源流考》一书中为我们详细描述了雍和宫"金瓶掣签"的过程：

> 喇嘛回请帮办大臣，起立行至瓶前，行一跪三叩首礼毕，不起立即跪，将签双手举过额入瓶内，以手旋转二次，盖瓶盖，起立仍归旧座。其帮办大臣将签入瓶时，正办大臣在左旁侍立礼毕，简归本座，又俟念经至掣签时，喇嘛回请正办大臣，亦行一跪三叩首礼毕，跪启瓶盖，用手旋转，掣签一枝。帮办大臣在左侍立，拆开黄纸，同众开看。

雍和宫

雍和宫位于今北京市区东北部，建于康熙三十三年（1694），原为康熙帝四子雍亲王胤禛的"潜邸"。雍正三年（1725），经大学士奏请将其升为宫殿，并拟嘉名恭请雍正皇帝钦定，钦命曰"雍和宫"。乾隆九年（1744）敕命改建成皇家寺院。除承担宫廷佛事活动外，这里还成为藏传佛教蒙古诸部活佛转世灵童"金瓶掣签"的地方。

　　一般活佛转世灵童掣定后须报请理藩院批准，准后即可举行受戒仪式。哲布尊丹巴、章嘉活佛转世灵童掣定后须上奏皇帝钦定才能举行受戒坐床仪式。

　　清廷创行"金瓶掣签"制，将四大活佛系统灵童转世方式以法律形式确定下来，将灵童转世制度纳入国家法典，实际上是将灵童转世认定权收归中央政府，意在杜绝蒙、藏贵族操纵活佛转世的弊端，此举"虽不能尽去其弊，较之以前一人之授意者，或略公矣"。而"金瓶掣签"制度亦成为清朝中央政府重要的治藏方略之一，得以"万世遵循"，并影响至今。

台湾的统一及政治统治

　　三国时期,东吴黄龙二年(230),朝廷派遣卫温、诸葛直率兵往夷洲(即台湾),这是目前所见文献中记载大陆与台湾的最早交往。此后,历代中央政府或设官置守,或出兵平叛,两岸往来一直未曾中断。明天启四年(清天命九年,1624),荷兰人侵据台湾,开始为期长达三十八年的殖民统治。顺治十八年十二月(1661),郑成功收复台湾,是为明郑时期。康熙元年(1662)五月,郑成功在台湾病逝,其子郑经在权力争夺中取得胜利,主持台湾政务。康熙三年至四年,清廷两次进攻台湾皆因遇飓风无功而返,武力统一台湾以失利告终。此时,清廷内部主张招抚郑经的意见逐渐占据上风。康熙八年(1669),双方代表在台湾和泉州两地展开谈判,郑经方面提出"照朝鲜事例,不削发","若欲削发,至死不易"的政治要求,而这是清廷所不能同意的。

郑成功像,见清人黄梓绘《郑成功对弈图》

　　康熙二十年(1681)春,主政台湾的郑经病逝,年仅十二岁的次子郑克塽被冯锡范拥立为延平王。延平王因年幼不能理事,诸事务便由冯锡范掌控。清廷决定趁机武力统一澎湖、台湾。康熙二十二年(1683)夏,水师提督施琅率领水陆官兵两万余人、战船二百余号,进攻澎湖。澎湖一战,郑氏军队全线崩溃。面对清军的强大进攻,郑克塽遣使向清军水师提督施琅请降,提出"承祀祖先,照管物业"的政治要求,施琅予以拒绝,要求郑氏政权全面归降清廷，官兵剃发移入内地。七月，施琅上疏清廷，康熙皇帝降敕宣抚，郑克塽递交正式降表及延平王册印等。八月，施琅等登台湾，台湾人民"壶浆迎师，接踵而至"。是月十八日，郑克塽率领文武官员等尽行剃发归降。至此，郑氏政权的统治结束，孤悬海外数十年的台湾正式回到大陆的怀抱，实现了国家一统。

台湾统一后，为便于行政管辖，清廷迅即着手设官职守事宜。康熙二十三年（1684）四月，清廷议准在台湾设立一府三县。一府即台湾府，隶福建省台厦道；三县分别为台湾县（包括澎湖诸岛屿）、凤山县、诸罗县（乾隆五十二年改名为嘉义县）。康熙六十年（1721），又从诸罗县析置彰化县。雍正元年（1723）、五年（1727）又增设淡水厅和澎湖厅，分别管大甲溪北区防务、澎湖诸岛屿。嘉庆十六年（1811），在噶玛兰地方又增设噶玛兰厅。光绪元年（1875），清廷从船政大臣沈葆桢之请，在台湾南端增设恒春县，又将原淡水厅分为淡水县、新竹县和基隆厅，又增设一府，即台北府，将噶玛兰厅改成宜兰县。至此，台湾形成台北、台湾两府八管县、厅的行政格局。

此外，清廷在台湾军事驻防实行"班兵"制，即兵丁不在台湾本土招募，而是在福建兵营中抽调兵丁赴台湾驻防，三年一轮换。制度行久，必然弊端丛生，自雍正朝以后，历朝统治者都对"班兵"制运行中的积弊予以改革，废班兵改招募乡勇的呼声此起彼伏。道光年间，废班兵改招募之争最终落下帷幕，清廷对"班兵"制度做出适当的改革，即同意少量招募台湾本土乡勇（不得超过总兵丁数的二十分之一）入伍。

考古证明，台湾本土早期居民多数是来自中国大陆的闽越族，还有少量来自南洋群岛的南岛语族。宋朝时，已有汉人移垦澎湖。明郑氏政权统治时期，大量的汉人渡海移入台湾地区。康熙二十二年，台湾被纳入清朝国家版籍之后，清廷设府县制度管理汉人与土著居民，并根据汉化程度将土著居民分为"熟番""归化生番"（或称"化番"）、"生番"（或称"野番"），使用剿抚兼施、恩威并用的手段"安抚良番，征讨凶番"。雍乾时期，对土著居民基本施行"因其俗而治"的管理政策，并加强汉人与"番"之间的隔离政策，严禁汉番越界私垦、通婚等。

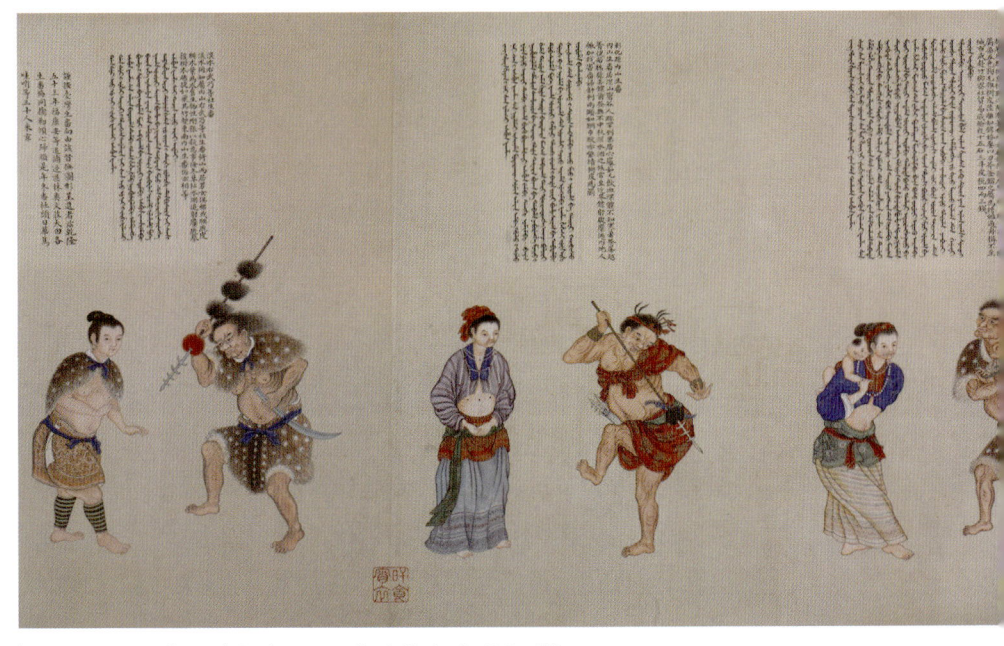

清人金廷标等绘《皇清职贡图》中的台湾"生番"

　　统一台湾后，由于明郑氏政权所属人员及兵丁被迁移至内地，土著居民少事耕作，造成大量土地无人耕种以致荒芜。台湾地方官员采取招民垦荒之策，招徕福建各地民众开垦地亩，然应者寥寥。自康熙朝后期始，随着福建地方人口繁盛，土地不敷耕种，于是人们将目光投向对岸的台湾，纷纷渡台开垦荒地耕种。在清朝统一台湾之前，大陆社会对台湾土著居民之了解与认知极微。台湾纳入清朝的版籍与行政系统之后，清廷即开始以"方志"之策深入了解这一"新疆"，借以掌控舆情，建立有效的统治。自康熙二十三年始，方志编撰陆续刊刻，有二十三年王喜《台湾志稿》、季麒光《台湾郡志稿》；二十四年林谦光《台湾纪略》；二十七年蒋毓英等《台湾府志》等。在这些府志中，对台湾土著民族之风俗习惯都有或多或少的记载。在编撰方志的过程中，没有有效的文字资料作为参考，"采风问俗"便成为方志编撰人员资料来源的最有效方式。可喜的是，在编撰之余，采访人员将土著居民的生活习俗图像化，以补文字描述之不足。

《番俗图》当为今见最早的台湾土著生活习俗之图像，原稿未见，刻版图见康熙五十五年（1716）刊出的陈梦林撰《诸罗县志》卷前。该《番俗图》共十幅，形象地描绘了当地土著居民的九个生产生活及民俗场景，依次为：乘屋、插秧、登场、赛戏、会饮、舂米、捕鹿、捕鱼、采槟榔等。编撰者很明确其刻《番俗图》之用意——"使读者仿佛其形似焉"。此后，类此者还有首任巡台御史黄叔璥《番社图》、乾隆八年（1743）巡台御史六十七《番社采风图》与《番社采风图考》等。巡台御史之职始设于康熙六十一年，每年派满、汉御史各一员驻跸台湾府治，新旧相参，各任职两年。

中国国家博物馆馆藏《东宁陈氏番俗图册》亦属此类。该图册为设色绘图，共三十二开，风俗类十八幅，绘二十四项场景，每幅右侧配简要题记；植物图十一幅；动物图三幅；题跋三幅。风俗类主要展现台湾土著居民耕耘、围猎、筑屋、婚礼、娱乐等生活场景。据研究，图中题记文字与六十七《番社采风图考》大同小异，此图册大体是依据六十七原作摹写、改绘而成。"东宁"即指台湾，明郑时期郑成功改台湾为东都，后郑经又改名东宁。图中多处钤有"东宁陈氏""一江春水"等印章，经清末民初学者赵炳麟考证推测，陈氏当为台湾府监生陈世俊。

《东宁陈氏番俗图册》与其他各类《番俗图》一样，是对十八世纪台湾土著居民生活、生产与民俗等场景的忠实描绘，是一幅珍贵的民族风俗画卷。

陈士俊绘《东宁陈氏番俗图册》之"捕野牛"

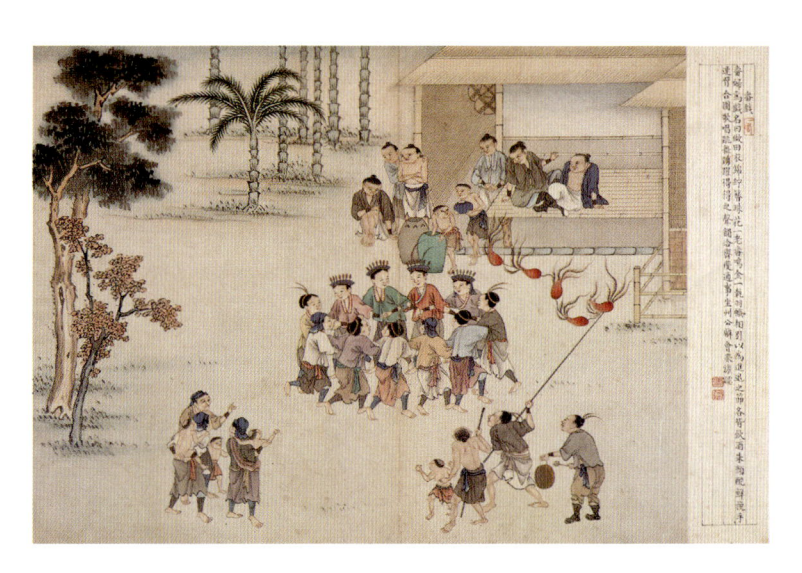

陈士俊绘《东宁陈氏番俗图册》之"番戏"

对外关系篇

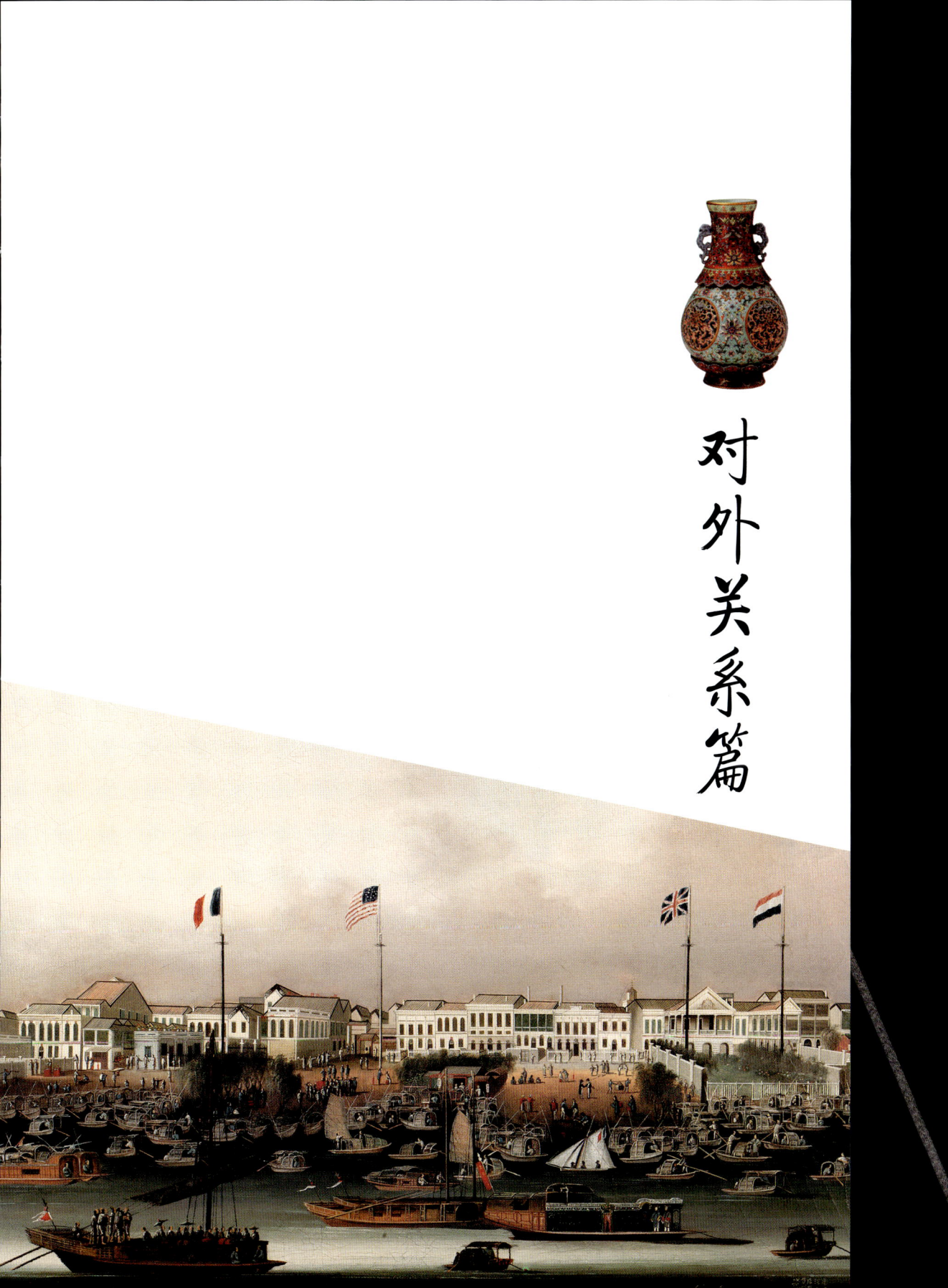

贡品抑或礼物：英国马嘎尔尼使团访华

乾隆五十七年（1792）五月，英国国王乔治三世（George III）任命乔治·马嘎尔尼（George Macartney）为"大不列颠国王向中国皇帝派出的特命全权大使"，率领使团出使中国。十月，乔治·马嘎尔尼与副使乔治·斯当东（George Staunton）一道，率领由植物学家、化学家、天文学家、医学家、航海家等九十二人组成的庞大使团，带着多达六百余箱的各类礼物从朴次茅斯港扬帆起航，驶向遥远的东方。是为"马嘎尔尼使团"。

| 英使马嘎尔尼勋爵肖像

英国使团此行出访中国，系由英国东印度公司（The Honourable East India Company）提议，经英国王批准而成行的。十八世纪时，英国与中国之间的贸易主要由东印度公司全权经理。而清帝国对外贸易仅以广州为开放口岸（此即"广州体制"），这远远无法满足英国产业革命下的对外贸易扩张之需求。最终，英国政府欲借乾隆五十八年（1793）乾隆皇帝八十三岁万寿之机，携厚礼以叩开清帝国的贸易大门。

在经历九个月的漫长航行之后，马嘎尔尼使团抵达广州。由于英国使团打着表贺叩祝乾隆皇帝八十三岁"万寿"的旗号，对向来以"天朝上国"自居、身处东亚朝贡体系中心的清朝官员及乾隆帝来讲，英国人"输诚慕化"而来，其"恭顺"表现值得被肯定。"柔远人则四方归之"，乾隆皇帝允准马嘎尔尼使团直接经天津入京觐见，并着派军机大臣兼理藩院尚书和珅负责使团接待工作。九月，使团抵达天津大沽。乾隆皇帝钦派长芦盐政徵瑞前往大沽迎接英国使团，同时派遣直隶总督梁肯堂从保定至天津配合接待。

徵瑞等员抵达天津，派人将清朝外藩使臣觐见礼仪注告知马嘎尔尼等人。按该仪注之规定，马嘎尔尼等将以陪臣身份先拜见钦差大臣。然而马嘎尔尼等却认为：他作为英王的特使，应该与清朝皇帝的钦差大臣徵瑞以"平行之礼"相见。这种突发的新情况让徵瑞措手不及，为维护天朝国体及礼仪，他最终决定仅派随员天津道员乔人杰、通州副将王文雄前往英国使团所乘船上迎接马嘎尔尼等人。与此同时，直隶总督梁肯堂也遇到了这个问题。当马嘎尔尼前来拜会这位清朝封疆大吏——直隶总督梁肯堂时，并没有行跪拜叩首礼，仅"免冠竦立"。徵瑞、梁肯堂一并将此情况奏报乾隆皇帝知道。这成为此次马嘎尔尼使团与清朝礼仪问题之始。

在接到徵瑞的奏报后，清廷内部便开始了英国使臣觐见皇帝礼仪的讨论。经奏请，乾隆皇帝对此作出专门的批示：

> ……如该使臣于筵宴时实在叩首则已，如仍止免冠点首，则当于无意闲谈时婉辞告知，以各藩封到天朝进贡觐见者，不特陪臣，俱行三跪九叩首之礼。即国王亲自来朝者，亦同此礼。今尔国王遣尔等前来祝嘏，自应遵天朝法度。虽尔国俗俱用布扎缚，不能跪拜，但尔叩见时何仿暂时松解，候行礼后再行扎缚，亦属甚便。若尔等拘泥国俗，不行此礼，转失尔国王遣尔航海远来祝厘纳贡之诚，且贻各藩部使臣讥笑，恐在朝引礼大臣亦不容也。

至此，中英双方就英使觐见乾隆皇帝时行西方单膝跪地礼，还是中国三叩九拜礼，发生了所谓的"礼仪之争"。针对乾隆皇帝的谕令，徵瑞开始了与英使马嘎尔尼之间的积极沟通。徵瑞或许出于邀功的心理，在他给乾隆的奏报中指出，英使"深以不娴天朝礼节为愧，连日学习，渐能跪叩"。然而，很显然徵瑞向皇帝撒了谎。

他以为可以通过自己的努力，让马嘎尔尼等人接受跪叩礼。然而马嘎尔尼坚决主张行西方屈膝礼，因为其本人除只给上帝行跪拜礼外，即使谒见英国女王也是行屈膝礼，因此谒见清朝皇帝之礼仪不能高于谒见英国女王礼。但清朝官员认为英国人和各藩属国一样，是来觐见并向皇帝朝贡的，因此必须像各藩属国觐见皇帝礼一样，行三跪九叩礼。双方对此分歧僵持不下。其时，马嘎尔尼提出了一个双方退让的建议，即他可以遵行清廷礼仪，向皇帝行三跪九叩礼，但为表示礼仪平等，"贵国皇帝钦派一位同本使地位身份相同的大员，穿着朝服在英王陛下御像前，行本特使来贵国皇帝面前所行的同样礼节"。然而，这是清朝官员不可能接受的建议。

直至英国使团抵达热河时，中英双方就觐见礼仪问题仍没有达成一致意见，这让乾隆皇帝甚为不满，"英吉利使臣等前来热河，于礼节多未谙悉，朕心深为不惬"。清廷负责接待英使团的大臣徵瑞等再次与马嘎尔尼就礼仪问题磋商。马嘎尔尼仍旧坚持以谒见英国女王一样的屈膝礼谒见中国皇帝。经双方互相妥协并最终达成一致意见：八月初十日在避暑山庄万树园的礼节性招待宴会上，乾隆帝非正式地召见英国使臣，允许行英国屈膝礼；八月十三日在澹泊敬诚殿举行的万寿盛典中，英国使臣须向乾隆帝行三跪九叩礼。

在觐见之前，为示慎重，军机处官员们拟定了英国使臣进表、觐见礼节程序单，并得到乾隆帝的恩准：

> 恭请皇上御龙袍褂，升澹泊敬诚殿宝座……臣等带领英吉利国正、副使臣，在阶下向上跪捧表章。臣福长安随接表章由中路行走，至殿内地平下跪献。臣丰绅殷德接捧，由中踏跺直至御前跪递。皇上受表，仍交丰绅殷德，即由地平西踏跺捧下，转交内侍祇领。臣等即将该正、副贡使，由西踏跺带至御前跪候，皇上亲赏该国王如意，宣旨存问毕，臣等仍由西踏跺带至地平前中间槛内，向上行三跪九叩首，礼毕，即令其入于西边二排之末，各行一叩首礼。

乾隆五十三年八月十日（1793 年 9 月 14 日），乾隆帝在避暑山庄万树园召见英使马嘎尔尼和副使斯当东等人，并与缅甸国使臣等一同赐宴、赏赐回赠礼物。十三日，在澹泊敬诚殿，扈从王公大臣、官员、贝勒、贝子、公、额驸、台吉等与英国、缅甸国使臣等一起向乾隆皇帝行庆贺礼。英使马嘎尔尼呈上他们带来英国女王致大清皇帝的书信，同时也进献了礼物清单及部分礼物。英国使团副使乔治·斯当东之子小斯当东记载了这一场景：

> （马嘎尔尼）双手恭捧装在镶着珠宝的金盒子里面的英王书信于头顶，至宝座拾阶而上，单腿下跪，简单致词，呈书信于皇帝手中。皇帝亲手接过，并不启阅，随手放在旁边。皇帝很仁慈地对特使（马嘎尔尼）说："贵国君主派遣使臣携带书信和宝贵礼物前来作致敬和友好访问，我非常高兴。我愿意向贵国君主表示同样的心意，愿两国臣民永远和好。"

纵观英国方面的记载，似乎在谒见乾隆皇帝时，马嘎尔尼最终坚持行屈膝礼。但从清廷官方文献来看，英国人似乎说了谎。嘉庆二十一年（1816），英国阿美士德使团来华，礼仪问题再现。清廷官员就直接向此次使团的副使、曾随马嘎尔尼来访的小斯当东说："尔曾于乾隆五十八年随同贡使来至天朝，一切瞻觐宴赉礼仪，俱经目睹。其时，先朝大皇帝不准尔国使臣行本国之礼，嗣经三跪九叩头，始蒙恩赉骈蕃，礼遣回国。当今大皇帝事事恪守先朝制度，尔等不肯遵行中国礼仪，断难准尔等瞻觐。"综合各种文献来分析，马嘎尔尼在觐见乾隆皇帝时，是遵行约定，行了中国三拜九叩礼节的。

| 马嘎尔尼使团成员所绘避暑山庄万树园觐见乾隆皇帝的场景

马戛尔尼使团号称为乾隆皇帝祝寿而来，礼物自然不能少。他们给乾隆皇帝带来了内容十分丰富的礼物（清廷译为"贡品"），主要有三大类：第一类为代表天文学和地理学的天体运行仪和地球仪；第二类为榴弹炮、迫击炮、卡宾枪、步枪、自来火枪等各类武器；第三类为蒸汽机、棉纺机、梳理机、织布机等西方最新发明的科技产品。其他还有望远镜、怀表、瓷器等。

马戛尔尼使团的原本任务是借祝贺乾隆皇帝"万寿"，以叩开清帝国的贸易之门。然此目的被乾隆皇帝以"种种贵重之物，（大清国）梯航毕集无所不有"而拒绝。1794年1月8日，在清廷的再三催促下，马戛尔尼使团不得不带着遗憾离开广州回国。至此，大清国第一次错失了像"海上霸主"英国一样步入近代化的机遇。三十三年之后，1816年（嘉庆二十一年），英国人以同样的目的派阿美士德使团访华，又因觐见礼之争，阿美士德使团被驱逐出大清境。处于"天朝上国"美梦中的大清朝，再一次失去步入世界潮流的机遇。二十四年后，英法联军则以船坚炮利摧毁了大清帝国腐朽的大门。

青玉嵌花把皮鞘腰刀

此腰刀是马戛尔尼使团进献给乾隆皇帝的礼物之一。腰刀为钢质，手柄为青玉质地，上嵌有金丝与宝石组成的花枝，并配有皮鞘。

自来火鸟枪

此枪是马嘎尔尼使团进献给乾隆皇帝的礼物之一。枪管正中处有一行英文："H.W.MORT IM□□.LONDON.MAKER.TO HIS.MAJESTY"，大意为：英国伦敦制造，献给皇帝陛下。枪栓上系有内务府入库登记用羊皮签条，上书汉文："五十八年八月进自来火鸟枪一杆"，另有满、蒙、藏三种文字。

泛海逐波：蜚声中外的清代外销瓷

  中国瓷器外销的兴起、发展与兴盛，伴随着古代中国与世界交流的发展历程。考古资料证明，早在汉晋时期，中国瓷器就被运销中亚、西亚等地，唐中叶以后，更是随着陆上和海上丝绸之路远销亚、非各国。大量中国烧造的精美瓷器跨洋过海，运销亚、非、欧各地，铺就了中国与西方世界沟通的桥梁——"陶瓷之路"，将神秘的东方和遥远的西方联系在一起。中国外销瓷器其所承载的是中华文化亦随之传至欧洲世界，西方世界曾以中国瓷器为尚，成就了中国瓷器风靡全球的辉煌历史。

  郑和下西洋开创海上朝贡贸易体系以来，中国瓷器外销得以空前发展，其外销数量之大、行销范围之广，可谓空前绝后。自十六世纪起，葡萄牙、西班牙先后来到中国从事瓷器贸易，转销欧洲各地。在1602年（明万历三十年）荷兰东印度公司成立前，葡萄牙与西班牙一直垄断着中国瓷器的外销。荷兰东印度公司成立后，荷兰成为新的垄断者。据统计，自1602—1682（明万历三十年至清康熙二十一年），仅荷兰东印度公司贩运到欧洲的中国瓷器就达1200万件。

"无论什么国家如果能充分而不容置疑地掌握东印度贸易，它就将执整个商业世界的牛耳。"在远东贸易之意义可见一斑。十七至十八世纪，在中西贸易巨额利润的刺激下，欧洲国家纷纷组建自己的"东印度公司"，进行与东亚国家间的远洋贸易，各国所属之东印度公司成为其东西方贸易的组织者。

1600年，第一家英国东印度公司成立，称为"总督和伦敦商人对东印度贸易公司"（The Governor and Company of Merchants of London Trading to the East India），并于1711年在广州建立了贸易商行。1602年，荷兰人组建荷兰东印度公司（Vereenigde Oostindische Compagnie，简称VOC），随后分别在1604年、1614年、1631年，法国、丹麦、瑞典分别成立了属于自己的东印度公司。东印度公司的成立，彻底改变了亚洲和欧洲之间的海洋贸易，开始了欧洲人在远东长达两百年的亦商亦盗的国际贸易。

十七世纪的荷兰造船业相当发达，故其素有"海上马车夫"之美誉。依靠强大的海上力量，荷兰人控制了数条原属葡萄牙人的贸易航线。荷兰东印度公司的成立给葡萄牙人在远东贸易带来了巨大的竞争。荷兰人与亚洲的瓷器贸易，从一开始就是"亦商亦盗"的面目。1602年3月，荷兰人在圣赫勒拿海(St. Helena)俘获了一艘从东方返航西班牙的葡萄牙克拉克（Carraca）大帆船"圣雅戈"号，抢得船上28箱瓷盘和14箱小瓷碗等大量瓷器，并将其作为战利品运抵米德尔堡（Middelburg）；1604年，荷兰人又捕获一艘从澳门开往马六甲的葡萄牙克拉克大帆船"凯瑟琳娜号"（Catherina），缴获船上近10万件"数不尽的各种瓷器"。这些来自中国的瓷器随后在阿姆斯特丹被拍卖，购买者来自欧洲各地，其中不乏欧洲各国王室成员，甚至是国王，如英国国王詹姆士一世。欧洲人之所以如此热衷于中国瓷器，因为在十七世纪初，对绝大多数的欧洲人来讲，瓷器仅仅是来自异域的一个器物名称，听说过没见过，很多人未曾有机会一睹中国瓷器之真容。两次海盗式的掠夺给荷兰人带来了巨大的经济利益，这更加坚定了荷兰人参与中国瓷器贸易的决心。荷兰人将中国瓷器称之为"克拉克瓷"（Carrack-porcelain），

1699年，英国船"麦士里菲尔德号"（Macclesfield）驶抵广州，返航时船载一批瓷器带回英国，开启中英瓷器规模化贸易。

1708 年，第一家英国东印度公司"总督和伦敦商人对东印度贸易公司"与 1698 年成立的另一英国东印度公司（English East India Company）合并，改名为荣誉东印度公司（Honourable East India Company，简称 HEIC），其总资本达 300 万英镑，其竞争实力大增。自此开始，随着英国人在亚洲的立足，至十八世纪中期时，英国人已经成为欧洲商贸在亚洲的代表，贸易中心由葡萄牙人设立的贸易中转站巴达维亚转至加尔各答。据 1774 年《伦敦指南》（London Directories）所载，该年伦敦已经有至少 52 家经销中国瓷器的专门商店，接受对瓷器装饰有特别要求的订货，店主被称为"瓷器人"（China-man），此足见瓷器贸易之繁盛及中国瓷器在伦敦具有广阔的市场空间。

在明清中国外销瓷的贸易史中，葡萄牙人最早将中国瓷器大量运抵欧洲，"让中国商品在西欧有了一种缓慢的传播"。葡萄牙成为最先向欧洲传播中国瓷器文化的国家。紧随其后的荷兰人"亦商亦盗"式的贸易方式则真正使瓷器进入欧洲普遍的各层级市场。英国人介入亚洲的瓷器贸易，给荷兰带来巨大的挑战，欧洲瓷器贸易中心也先后从里斯本转移到阿姆斯特丹，再到伦敦。

此外，作为葡萄牙、荷兰和英国在亚洲瓷器贸易的竞争者，法国、瑞典、丹麦等国家亦将大量的中国瓷器运抵欧洲销售。其中，1722—1747 年，法国进口瓷器 300 万件，1761—1775 年进口瓷器 200 万件；1750—1755 年，瑞典东印度公司进口瓷器超过 1100 万件；1730 年丹麦东印度公司成立当年就订购 1000 万件中国各式瓷器。据统计，在整个十八世纪，有超过 6000 万件的中国瓷器通过各国东印度公司被运抵欧洲。

清代中国外销瓷主要产自景德镇，以青花瓷、彩绘瓷等为大宗，装饰仍以中国传统纹饰为主要题材，充满了浓重的中国风格。传统人物故事、宝塔楼阁、花草鸟兽、山水民俗、神话传说等是最为常见的主题，尤以神话传说、历史或小说人物故事、中国风景图等是最常见。各种表达吉祥与美好愿望的纹饰也常出现在外销瓷器上。如表达吉祥的纹饰，如表达忠贞爱情的鸳鸯戏水图，希望生命长久的仙鹤图，希望幸福的蝙蝠图，希望仕途腾达的马猴图（马上封侯），希望官位高升的鹿图（俸禄），渴望多子多孙的石柳图、荔枝图等。

瓷器定制是清代瓷器外销的一大特色。西方定制者根据自己的喜好，绘制好钟意的纹样、样式，然后由贸易商带到景德镇，再由景德镇瓷器陶匠制作瓷器，最后船运至定制者手中。从大量外销瓷纹样来看，主要为纹章瓷、西方神话故事图、《圣经》故事图等类，还有大量描绘他们想象中的中国田园风情。克拉克瓷器是明清外销瓷最为典型的一种。克拉克瓷外表多为开光分格样式，开光少则四幅，多则可达二十幅，开光形式有扇形、菱花形、椭圆形等多种，开光内填充纹饰多为折枝花、扁菊纹、石榴纹等中国传统纹饰。

欧洲人在接受中国瓷器的过程中，开始寻思在精美的中国瓷器上装饰自己的文化元素，如家族纹章等。随着这种需求的产生，定制自己所需纹饰、造型的瓷器成为欧洲上层社会追逐的时尚，十八世纪三十年代始，中国外销瓷进入了按订单加工的时代，大量的订单纷至沓来。定制者根据自己的偏好，设计出自己满意的纹饰，然后提供给贸易商带给景德镇瓷器制造者。景德镇瓷器陶艺师根据欧洲人提供的纹样制作瓷器，然后再由广州船运至欧洲定制者的手中。如今保留下来的为数不多的定制者纹饰绘画稿和中方提供的各种釉色、纹饰以供定制者选择的样盘为我们认知这一过程提供了极具价值的帮助。海牙博物馆保存有东印度公司1758年的画样原件，共计7页，绘有33件瓷器的图稿。英国维多利亚与艾伯特博物馆藏有两件纹饰样盘。

纹章瓷是明清外销瓷器中的一种常见类型。所谓纹章瓷，即绘有一个家族、公司、城市或国家徽章的瓷器。纹章瓷之定制，多是出于上层社会或商人对其家族或公司的地位的铭记，也为显示家族等的荣耀。定制纹章瓷可作陈列、礼物或遇有重大节庆等场合使用。1974年英国出版的《中国纹章瓷》一书收集外销纹章瓷2000余种，而据英国学者统计，仅英国现存的纹章瓷就达6000余种，其所有者包括牧师、官员、乡绅、商人、公司和社会团体等，此足见其贸易量之大和定制者之广泛。

除较为普遍的纹章瓷以外，还有宗教题材的瓷器定制。这类纹饰的题材多取自《圣经》中的故事，目前所见仅以耶稣故事为题材的外销瓷就达数百种之多。如关于耶稣降临、受洗、受难、复活等皆成为外销瓷器上的常见图案。还有神话故事场景的瓷器，如阿喀琉斯浸礼图等。一些历史事件也成为外销瓷上的纹饰，或为纪念，或为装饰，如绘有1690年荷兰鹿特丹市民骚动的图盘等。

定制瓷器是明清外销瓷出现的新特点。十九世纪之前，很少有欧洲人到达过中国，他们来中国的印象全靠商人的转述或在华传教士文本上的描述来想象。与丰富的瓷器造型和瓷器上精美的装饰图案相联系，在欧洲人的视域和脑海中，遥远的中国是一个充满神秘而又富庶的地方。宝塔、楼阁、树木、美丽的女子，这些都是构成异域田园风光式生活的有力证明。身处那里的人们穿着华丽的服饰，过着悠闲舒适的生活，这就是外销瓷器上传统纹饰带给他们的讯息。纹章瓷、西方神话故事图、《圣经》故事图等类瓷盘的定制，则是欧洲人对自身文化的认同。

中国瓷器远销欧洲，随着它们而去的是附着在其身上的中华文化。欧洲人对中国瓷器的喜爱和追捧，亦是对中华文化的认同。在认同之后，这种文化将潜移默化地影响到他们的生活，如社会时尚、日常生活、艺术思潮及瓷器制造业等等方面。

十七至十八世纪，欧洲收藏中国瓷器的风尚达到顶峰，上自国王、王室贵胄，下至官员、商人等皆有自己收藏瓷器的地方。瓷器不仅仅用来藏入宝物柜，将其用以装饰住所等也成为一种奢侈的时尚。1670年，法国在动工修建凡尔赛特里阿农宫时，国王路易十四（1643—1715）因出于对中国瓷器的迷恋，下令用瓷器装饰新修的宫殿，并不惜重金向中国定制瓷器。成就了今天著名的"瓷宫"。

十八世纪欧洲掀起于荷兰，继而以法国为中心扩散至整个欧洲的"中国风"（Chinoise）热潮，足以彰显中国瓷器的巨大影响力。这种影响力在十七世纪末十八世纪初欧洲艺术风潮从"巴洛克"（Barogue）风格转向"洛可可"（Rococo）风格的过程中所起到的重要作用也已被中外学者所证明。

中国瓷器在欧洲的流行和受追捧，并由此而带给商人巨额的经济利益刺激着很多人，随着十八世纪欧洲各国仿制中国瓷器制造风潮的普遍展开，荷兰、法国、德国、英国等争前恐后，欧洲瓷器制造业经历了从无到有，从少到多的发展历程，从荷兰代尔夫特到法国利摩日，从德国麦森到英国斯塔福德郡，出现了法国塞尔夫瓷器厂，英国切尔西瓷器厂、伍斯特瓷器厂、约西亚瓷器厂，荷兰代尔夫特瓷器厂，德国麦森瓷器厂等众多著名的瓷器工厂。这些瓷器厂在模仿中国瓷器的基础上，又不断制造出各具异域特色的陶瓷产品，将世界陶瓷百花园装点得绚丽多姿。这些工厂也奠定了欧洲现代瓷器制造业的基本格局。

从"万国来朝"到闭关锁国

"洋船争出是官商，十字门开向二洋。五丝八丝广缎好，银钱堆满十三行。"这是清人屈大均《广州竹枝词》中对广州十三行商业贸易的简单描述。广州十三行是清初至鸦片战争前清廷最为主要（学界多用"唯一"）的官方对外贸易机构。

清初，清朝统治者对海外贸易，尤其是涉及铸造钱币所用原料——铜的贸易持开放、积极的态度。顺治三年（1646），规定："凡商贾有挟重资，愿航海市铜者，官给符为信，听其出洋，往市于东南、日本诸夷。舟回，司关者按时值收之，以供官用。"三四年间，贸易逐步繁盛，其时"见市井贸易，咸有外国货物，民间行使多以外国银钱，因而各省流行，年在皆有"。

然而随着大陆抗清势力与海上抗清力量的联合、日益壮大，清朝统治者开始筹划"迁海""禁海"政策，以隔断抗清力量、维护统治。顺治十二年（1655），闽浙总督屯泰上奏朝廷，建议将"沿海省分应立严禁，无许片帆入海，违者置重典"。次年，顺治帝发布"申严海禁敕谕"：

> 严禁商民船只私自出海。有将一切粮食、货物等项与逆贼贸易者，或地方官察出，或被人告发，即将贸易之人，不论官民，俱行奏闻正法，货物入官，本犯家产尽给告发之人；其该管地方文武各官不行盘诘擒缉，皆革职，从重治罪；地方保甲通同容隐不行举首，皆论死。
>
> 凡沿海地方，大小贼船可容湾泊登岸口子，各该督抚镇俱严饬防守，各官相度形势，设法拦阻，或筑土坝，或树木栅，处处严防，不许片帆入口，一贼登岸。

顺治十五年（1658），为彻底阻断海上郑氏集团与沿海抗清力量的结合，清廷又实行"迁海"的政策，强制沿海居民内迁三十至五十里，同时严申禁海令。

据文献记载，自顺治十三年（1656）至康熙二十三年（1684）的三十年间，清廷曾先后颁布五次"禁海令"、三次"迁海令"。清廷用强制手段执行"禁海令""迁海令"，或"胁以严刑"，或焚烧居民住所，对沿海居民的生产、生活造成极大破坏。

康熙二十二年（1683），清朝统一台湾。清朝统治者开始调整海禁政策及海外贸易事宜。二十二年，福建总督姚启圣上疏，奏请开放山东、浙江、江南等处海禁。二十三年，康熙皇帝谕令开沿海各省海禁，"百姓乐于沿海居住，原因海上可以贸易捕鱼……先因海寇，故海禁不开为是，今海氛廓清，更何所待？"谕令将"各省先定海禁处分之例，应尽行停止"。是年九月起至二十四年，清廷先后设立闽海关（驻厦门）、粤海关（驻广州）、浙海关（驻宁波）、江海关（驻云台山）四海关，管理海外贸易，以实现"藉贸易之赢余，佐耕耘之不足"的经济目的。

随着清廷开海贸易，中西贸易渐盛。中国的茶叶、瓷器、丝绸、药材、皮毛、珍贵木材等货物远销海外，西方的各类织毯、自鸣钟、玻璃、琥珀等工艺品纷涌而至。粤海关成立后不久，为规范广州贸易，两广总督吴兴祚、广东巡抚李士祯和粤海关监督宜尔格图一同议定《分别住行货税》，专门划分贸易为国内贸易和国外贸易。康熙二十四年（1685），广州成立"金丝行"和"洋货行"（行商），其中前者专营国内贸易，后者专营外商贸易事。"洋货行"里的行商们不仅负责外商贸易出入报关、税收，还负责与海关官员、地方官吏沟通，逐渐成为沟通西洋商人和清廷官方的中介与代理人，并逐渐形成具有半官半商性质的"行商制度"。

制度行久，必生弊端。到了康熙朝后期，随着对外贸易的发展，行商制度开始弊端丛生。如行商之间的恶性竞争，"向来外番各国夷人载货来广，各投各行交易，行商惟与来投、本行之夷人亲密。每有心存诡谲，为夷人卖货，则较别行之价加增；为夷人买货，则较别行之价从减，祇图夷人多交货物"。清廷为防止行商之间恶性竞争，行商为继续垄断对外贸易事务，康熙五十九年（1720），广州各洋行行商组织成立了"公行",其中最为核心的内容是明确了"公行"的货物定价权。其规定:外商"带来货物,令各行商公同照时定价销售;所置回国货物,亦令各行商公同照时定价代买"。

"十三行"究竟起自何时?学界观点不一,有始自明代"牙行"说,有康熙二十四年(1685)说,有康熙五十九年(1720)说,更有乾隆二十五年(1760)后说数种。其中第一种说法受到学界的普遍认可。因为梁廷枏在《粤海关志》中有这样的记载:

> 国朝设关之初,蕃舶入市仅二十余舵。至则劳以牛酒,令牙行主之。沿明之习命曰"十三行",舶长曰大班,次曰二班,得居停十三行,余悉守舶,仍明代怀远驿旁建屋居番人制也。

诚然,从"十三行"所承担的实际功用来看,可以讲它是脱胎于古代的"牙行"制度。但从本体起源来讲,"十三行"应该是在

《广州十三行图》,清新呱绘,广东博物馆藏

清廷设立粤海关之后兴起的一种贸易中介组织,是清廷特许可以进行对外贸易的商馆。清廷对西方"夷人"采取高度的戒备与防范,为严格控制外国人进入内地,特别规定"华夷不得杂处",外商只能聚居在"夷馆"(又称"夷街"),他们既不能同清廷官方、商民直接交涉、贸易,也不能雇佣一般的中国人代为贸易,或与中国商人接洽,只能同清廷的特许商——外洋行进行贸易。外商与外洋行之间的货物贸易一旦完毕,须即刻返航,各国商人返回时所购货物,也须由各行商公同照时定价代买,保证了对外贸易的正常化进行。"行商制度"最终也成为清朝对外贸易的代理商。

外洋行额设十三员,故通称"十三行",但并非指从事对外贸易者仅有十三家,实际数额远大于此,且经常增减。"外番各国夷人载货来广,各投各商交易。"乾隆四十年(1775),又建立保商制度。所谓保商,即外商货船到达广州后,须在十三行中寻找一家当作自己的保证人,行商与外商两者关系一旦订立,凡外商交纳关税、交易货物、回购物品,以及外商船员、水手等在广州期间的一切行动、生活供应等均由行商办理,并担负连带责任。

乾隆二十年(1755),英国东印度公司开始将商业视野从广州投向宁波(浙海关)。其目的是为打开中国北方市场,行销英商毛纺织品;也为避开粤海关日益横征暴敛的关税;同时可以接近其回购的生丝、茶叶的主产区,减少转运价格,增加利润。其时,粤海关除对外商船征收正常的船舶税和货物税外,还征收名目繁多的杂税。如粤海关针对每艘外商贸易船只,不论大小,均须缴纳接近二千两的"规礼银"。是年,英国东印度公司商人洪任辉(James Flint)首先开启了英国东印度公司的宁波贸易。由于宁波浙海关征税正常,随之大量的外商贸易船只离开广州,涌向宁波码头。据统计,至乾隆二十二年(1757)时,到粤海关贸易的外商船只仅剩七艘(乾隆十九年时外商船只多达二十七艘)。随着贸易船只的日渐减少,粤海关税收额数逐年锐减,这也引起了浙海关与粤海关所在地主政官员间的争议。广东方面认为,外商"舍粤趋浙"全系浙海关的低税政策所致,应将浙海关的税则"照粤关酌增",让外商"无利可图,必归粤省";浙江方面则认为,外商一直在广州贸易,初到浙江贸易,就应该"加意体恤",以示朝廷"柔远至意"。争议

《广州十三行图》之"总巡税课衙门"

奏到乾隆皇帝处，乾隆皇帝认为：大量外商赴浙海关贸易，势必会形成洋人市集、居住之地，日久易滋生弊端，加之"浙民习俗易嚣，洋商错处，必致滋事"，最终同意广东方面酌增浙海关税则的建议。

然而清廷"照粤关酌增"之策并没有阻止外商船只赴浙贸易。出于各种考虑，乾隆皇帝还是认为，外商"自以仍令赴粤贸易为正"，且明文规定，自二十三年起"赴浙之（外商）船，必当严行禁绝"。乾隆皇帝谕令时任两广总督杨应琚将清廷之决定晓谕外商："将来只许在广东收泊交易，不得再赴宁波，如或再来，必令原船返掉至广，不准入浙江海口。"至此，清朝对外贸易，仅限广州一口通商。

然而英国东印度公司已经派出船只，谋求在浙海关的贸易。此时，他们还不知道清廷仅限外商在广州"一口通商"的新政策。于是，引发了清朝对外贸易关系中影响巨大的"洪任辉事件"。洪任辉，英国东印度公司职员，乾隆元年（1736）曾被公司偷偷留在中国搜寻商业贸易情报事。是年，在其赴浙江贸易被阻后，他悄悄北上天津，欲图赴京城向中国皇帝伸冤，其借口是广州行商拖欠其本银五万两久久不还。但其实洪任辉的呈词中更多是对粤海关名目繁杂的勒索陋规的控告（比较有意思的是粤海关对外商携带的洋酒、牛奶油、蜜钱等零食类食物征税,对涉及生活保障的米麦杂粮、牛羊、猪鹅、鸡鸭及各项蔬菜则不予征税)。直隶总督方观承在了解情况后,同意将洪任辉伸冤诸情全部呈报给乾隆皇帝。奏到,乾隆皇帝认为"事涉外夷,关系国体",因此颇为重视,谕令"务须彻底根究(此事),以彰天朝宪典"。

旨下,派都察院给事中朝铨带洪任辉一同赴广州,会同福州将军新柱、两广总督李侍尧等一同调查。经会审,洪任辉对粤海关监督李永标的多项指控被一一"开脱",仅对其纵容家人征收外商携带生活食物税,导致外商不敢过多携带食物的陋规予以认可。最终,粤海关监督李永标以"失察罪"被解职,并枷号六十日,鞭一百。除此外,洪任辉的其他指控毫无结果。清廷反而开始着手调查为洪任辉帮忙书写呈词的"内地奸人"。经调查,洪任辉的呈词系由四川人刘亚匾帮写,为以儆效尤,最终将其处死。洪任辉也因被指触犯"勾串内地奸民代为列款,希冀违例别通海口"之罪,按例应发遣边疆,但虑及其为西方人,仅令将其在澳门关押三年,期满后驱逐出境。

"洪任辉事件"后,更加让乾隆皇帝认识到"内地汉人"与外商"夷人"勾结的弊端,更加严格禁止外商船只赴浙海关的政策。清朝对外贸易体制,也走向了"一口通商"的闭关锁国之路。嘉道时期,经历康雍乾盛世的清朝开始走向没落。与此同时,世界形势风云变幻,西方主要国家相继开展或完成资本主义工业革命,急需寻求广阔的海外市场倾销工业产品。随着世界贸易形势的演变,清廷并没有改变或调整旧有的对外贸易政策,仍旧实行以"防范夷人"为主的对外主张,如继乾隆时期制定《防范夷人五条》之后,又于嘉庆十四年(1809)出台《民夷交易章程》、二十年出台《互市章程》,道光十一年、十四年分别出台《防范夷人章程》《防范贸易夷人新规》,更加严格"防范夷人"措施,如严格禁止外商购买中国书籍、学习中国语言文字等等。

在如此贸易政策之下,外商贸易经常处于逆差,大量白银流入中国。为扭转这种贸易逆差,以英国为代表的外商在正常贸易之外,开始非法向中国输入大量鸦片。鸦片的大量非法输入,除遗毒国人的身体健康,还导致大量白银外流,同时也侵占了英国正常商品在中国的贸易份额。十三行行商逐渐处于危机之中。为追求鸦片非法贸易的高利润，他们也经常铤而走险，加入到英国人非法鸦片贸易之中。最终，随着贸易环境的变化，鸦片战争之后，广州十三行行商们逐渐放弃本行业，或解甲归田，或寻求新的生机。广州十三行是清朝对外政策的反映者、见证者，套用一句流行的话：一部"广州十三行"史，半部清朝对外贸易史，似乎毫不夸张，事实大抵如此。

文化艺术篇

稽古右文：清廷的编书活动

以官方名义编纂书籍是历代中央王朝的文化政策之一，也是加强中央集权的有效措施之一。明清时代，皇权不断得以强化，帝王愈加重视对历代书籍的编纂与整理工作。明代最著名者为永乐皇帝时期官修的《永乐大典》。至清代时，清廷十分重视书籍编纂，官修书籍活动不绝，"钦定"书籍数量居历代之首，以康熙、雍正、乾隆三朝为最。

"以武开基，右文致治。"顺治元年（1644），清廷就设立了书籍编纂机构——翰林院。康熙时期，官修书籍种类繁多，卷帙浩繁，曾组织编纂大型类书数种，如康熙四十九年（1710）敕命张英等编纂的《渊鉴类函》（誉为"万全宝书"），五十年敕命张玉书等编纂的《佩文韵府》，五十五年敕命张廷玉等编纂的《韵府拾遗》，五十八年敕命吴士玉等编纂的《骈字类编》等。其中，以康熙时期陈梦雷编纂、后经雍正时期蒋廷锡整理编纂的《古今图书集成》最为出色。乾隆时期是清代官修书籍的繁盛期。典章类著名者如"三通馆"修撰"清三通"，即《皇朝通典》《皇朝通志》《皇朝文献通考》；礼制器物类有《大清通礼》《皇朝礼器图式》等；少数民族文字方面有《同文韵统》《西域同文志》等。

《皇朝礼器图式》（抄本）

清允禄等编纂，乾隆年内府彩绘本。
此书是一部关于清代礼制器物的图说。全书分祭器、仪器、乐器、卤簿、武备、冠服六个部分。其图式右册设色绘图，左册书详细说明。

书馆是宫廷编纂图书活动的重要场所。随着编纂书籍事务的增加，清朝皇帝还在宫中开设书馆以便利书籍编纂。清宫书馆有常设与特开之分，如"国史馆""起居注馆"自康熙朝始设一直延至清末，此为常设书馆；特开书馆即指皇帝专门为编纂某类书籍而设的书馆，如"实录馆""圣训馆""则例馆""三通馆""续三通馆""方略馆"等，其中最为著名的是大家所熟知的"图书集成馆"与"四库全书馆"。此二馆分别编纂出版的《古今图书集成》与《四库全书》在中国文化史上具有重要的地位，二书亦有"典籍总汇，文化渊薮"之美誉。

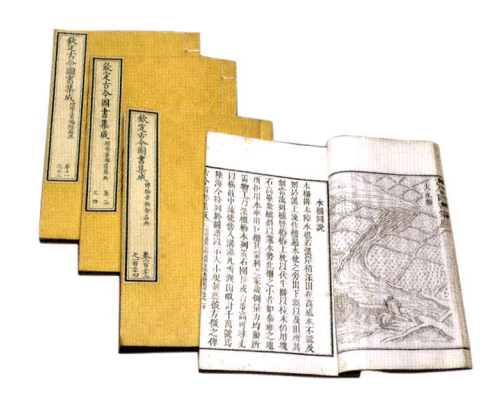

《钦定古今图书集成》

《古今图书集成》是中国现存最大、最完整、结构最为精善合理的类书（规模仅次于《永乐大典》），对近世中国学术文化产生过重要影响。《古今图书集成》最初名为《古今图书汇编》，为清康熙时期名臣陈梦雷"以一人独肩斯任"的私著，始纂于康熙十四年（1701），康熙五十四年成书。为得到康熙皇帝对图书编纂的支持，次年，陈梦雷将书呈给康熙皇帝御览，康熙赐名为《钦定古今图书集成》，并命设"古今图书集成馆"，由陈梦雷领衔继续组织纂修该书。康熙六十年（1722），康熙皇帝崩逝，书未编成。雍正即位后，陈梦雷因皇三子胤祉案而遭受牵连，以"招摇无忌"罪名流放黑龙江。但雍正皇帝也不想其父组织的图书编纂就此夭折，于是在雍正元年（1723）正月任命内阁学士蒋廷锡为集成馆总裁，负责继续纂修该书。至雍正三年（1725）十二月，《钦定古今图书集成》

编纂成书。全书分为历象、方舆、明伦、博物、理学和经济"六大汇编"。"历象汇编"包括乾象（五行、天象、自然现象等）、岁功（四季、月令、节气等）、历法（历法、仪象、测量等）、庶征（灾荒、谣言、谶纬等）四典；"方舆汇编"包括坤舆（历代舆图、都城关隘、陵寝墓冢等）、职方（各省府地理）、山川（名山大川）、边裔（边疆少数民族与外国）四典；"明伦汇编"包括皇极、宫闱、官常（百官之事）、家范（家族、宗属）、交谊（师友、乡里、世态等）、氏族、人事、闺媛等八典；"博物汇编"有艺术（医学、星象、术数、商贾、优伶等）、神异（鬼神、释道等）、禽虫、草木等四典；"理学汇编"有经籍、学行、文学、字学等四典；"经济汇编"有选举（教化、科举）、铨衡（官制等）、食货、礼仪、乐律、戎政（兵制、屯田等）、祥刑（工匠、度量、桥梁、器用）、考工等八典。汇编下又分三十二典，典下分部，共计六千一百零九部。每部之下再按汇考、总论、图、表、列传、艺文等项依次叙述。书成后，雍正皇帝命由内府印制六十四部，发往各处贮藏。该书编撰体例科学、考订精详、图文得当，是一部宏阔的百科全书。

纪昀像

纪昀（1724—1805），字晓岚，一字春帆，晚号石云，河北献县人。清乾隆十九年（1754）进士，历任编修、侍读学士。三十八年（1773）起，任《四库全书》总纂官，负责《四库全书》的编纂工作。

纂修《四库全书》是中国古代历史上最为浩大的文化工程之一。乾隆三十八年（1773），乾隆皇帝特命开"四库全书馆"，专门纂修《四库全书》。为便于纂修工作的开展，乾隆皇帝择选任命皇室拥有王公大臣及六部尚书、侍郎等兼任总裁、副总裁，并专门征召翰林院和各地著名学者担任纂修官，负责具体纂修工作。乾隆三十八年，经大学士刘统勋荐举，纪昀成为"四库全书馆"总纂官，主持编纂工作。《四库全书》全书分经、史、子、集四部。纂修《四库全书》的书籍来源主要有三类：一是从《永乐大典》中辑录佚失的珍本、善本；二是重新校订顺康雍时期内廷编纂的各类书籍，搜集内廷各处收藏的珍贵图书；三是各地方督抚官员奉命搜访进呈的图书。各类图书经过纂修官商议、斟酌、校勘后才能正式选入。至乾隆四十六年（1781）底，首部《四库全书》纂修成书，全书共79070卷，收入图书3457种，贮藏在紫禁城文渊阁内。

乾隆四十九年，又抄写成三部，先后分别贮藏在盛京皇宫文溯阁、圆明园文源阁、承德避暑山庄文津阁。从地理上来看，《四库全书》全部贮藏在北方。为便于江南文人、士子们阅览书籍，以"嘉惠士林，启牖后学"，乾隆皇帝又下令抄三部分贮江南之区，并着手修建贮藏之地。

《钦定四库全书》

由于战事等历史原因，《四库全书》现仅存三部，《文渊阁四库全书》存台北故宫博物院、《文津阁四库全书》存中国国家图书馆、《文溯阁四库全书》存甘肃省图书馆。

文渊阁

文渊阁位于北京故宫文华殿后,为"文渊阁本"《四库全书》贮藏地。

乾隆五十二年(1787),书抄成,分别贮藏于扬州大观堂文汇阁、镇江金山寺文宗阁、杭州圣因寺文澜阁。如此,《四库全书》贮藏形成"南北七阁"的局面。

当然,在编纂《四库全书》过程中,清朝统治者在"寓禁于征"的编纂思想下,查禁所谓"违碍悖逆"之书,意在钳制知识分子思想,巩固清廷统治。在此过程中,一些与清廷统治思想不相符的古代典籍与当代著述遭到无情毁灭。

清代修书之力主在皇帝,康熙、雍正、乾隆三皇帝皆大力提倡修书,硕果累累。清廷官方修书是对历代学术文化之整理与总结,对古代文献的保存起到积极作用,并全方位影响其时学术风气。乾隆朝《四库全书》的编纂,最终促成中国历史上著名的"乾嘉学派"。其学术研究以经学为中心,从音韵、文字、训诂之学,到史籍、诸子之目录、版本、校勘、辑佚、辨伪,延及金石、地理、天文历法考证,代表人物有惠栋、戴震、钱大昕、段玉裁、王念孙、王引之等。"乾嘉学派"坚持"实事求是""无征不信"的学术理念与治学方法,实开近代实证研究之先河,其影响至今不绝。

流派纷呈的绘画艺术

　　清代的绘画艺术，承续元、明发展脉络而来，以讲求笔墨情趣，强调神韵，重视意境表达的文人画日益风靡于世，并成为画坛上的主流，呈现出崇古和创新两种趋向。在董其昌"南北宗论"等文人画思潮的影响下，画家们趋之若鹜，文人画在题材、笔墨情趣、技巧等方面更加多样，形成清代画坛流派纷呈，盛况空前的新格局。这一时期，传统山水画勃兴，水墨写意画法盛行于世。

　　清代绘画的发展历程，大致可分为早、中、晚三个时期。早期以"四王"（又称"江左四王"）为代表。"四王"是后人对清初画家王时敏、王鉴、王翚与王原祁的合称，他们又与吴历、恽寿平合称"清初六家"。"四王"之间彼此或为亲属，或师友关系，如王时敏与王鉴为同宗，王翚则先后师从二人习画；王原祁则是王时敏之孙。在艺术上，他们有着共同的趣向，远追"董巨"（即董源、巨然）与"元四家"（即黄公望、倪瓒、吴镇、王蒙），近宗董其昌之遗绪，画风崇尚摹古，讲求俊秀雅逸的笔墨意趣，笔墨功力达到古代山水画至臻之境。由于他们的艺术思想和绘画风格受到清初皇帝的认可，故占据画坛"正统"地位，后世称之为"山水正脉"。

　　王时敏（1592—1680），字逊之，号烟客，晚号西庐老人，江苏太仓人。出身官宦世家（其祖父为明礼部尚书王锡爵，父亲为明翰林编修王衡），自幼习画，遍览家中珍藏宋元名家书画真迹，直接影响其山水风貌。满人入关，天崩地坼，王时敏亦不仕新朝，隐居家中，专研宋元名家书画之笔墨技巧，其尤以元黄公望、倪瓒为宗，又深受董其昌影响。面对其时书画界纷繁复杂的"创新"迭出、笔墨古法渐失的局面，他颇为愤慨："迩来画道衰，古法渐湮，人多自出新意，谬种流传，遂至邪诡不可救挽"，故而极力主张摹古、复古，反对自出新意。王时敏在"四王"中威望颇重，为"清初四王"之首。作为王时敏同宗的王鉴习画受王时敏影响颇重，也以学"董巨"、黄公望为重，笔墨仿古尤为可观，与王时敏形成相互砥砺、竞相追逐的局面。

　　王鉴（1598—1677），字玄照，后改字元照、圆照等，自称染香庵主，太仓（今属江苏省）人。明末曾官廉州知府，人称"王

王时敏 《虞山惜别图》

图绘常熟城郊虞山一带风景,用笔苍劲老辣,皴擦点染间,呈现出一派山清水秀的江南景色。此图是为福建烟草商戴瑞阳所作,绘于康熙七年(1668),是年画家七十七岁。

王翚《山窗读书图》

此图以高远法构图，瀑布、楼阁、小径穿插于重峦叠嶂的林木间，茅屋内一高士临窗读书（根据款识可知，图中高士为画家的友人王掞，此刻正为准备是年秋季的乡试而发奋苦读）。画家用浓淡墨色交叠皴擦，呈现出一幅苍郁宁静的自然景致。

王原祁 《神气完足图》

根据款识可知，此图是画家仿五代山水画巨擘董源、巨然山水笔意绘成。董、巨二人均善画江南景色，多作平远布局，笔墨圆润轻淡，境界滋润秀丽，共同创立了南方山水画派系。这件作品是王原祁晚年为教导弟子明吉而作的绘画范本，意在表现董巨山水画"全体浑沦，气势磅礴"的特点，可谓是"神完气足"的经典绘画之作。

廉州"。王鉴出身仕宦名门，家藏古画十分丰富，自幼检取览看，浸染甚深，绘画学习自董源、巨然入门，后亲拜董其昌为师，接受其仿古思想和"南北宗"理论，倾心于以黄公望为首的"元四家"。王鉴绘画以摹古见长，常用王蒙细密笔法、黄公望灵逸笔意，画作常皴法细密，墨色浓润，达到妙得神髓的境界。

王翚（1632—1717），字石谷，号耕烟散人等，江苏常熟人。王翚出身绘画世家，受家庭熏陶自幼酷爱习画，家中富藏唐宋元历代名画，其父、伯父均精擅书画，常能予以指导。后游学于王时敏、王鉴学习摹古画法，其"仿临宋元无微不肖"，"下笔可与古人齐驱"。明清时期，画有南北宗，王翚又以南宗入手，渐次将"元四家"黄公望等书法性用笔与董源、巨然、范宽等北方山水的典范构图相结合，创立了所谓"南宗笔墨，北宗丘壑"的山水新貌，成为"合南北为一手"第一人。王翚山水画作笔墨醇熟，风格秀润沉着，被从学者视为"虞山派"之开宗。王翚是"四王"中盛名最巨者，除笔墨功力之外，还与其主持绘制十二卷本《康熙南巡图》有关。康熙二十八年（1689），康熙皇帝第二次南巡回京后，决定征召书画名家绘制《南巡图》卷，以纪念其南巡之经过与处理河政、省察民政等事迹。康熙三十年（1691），时年六十岁的王翚以布衣身份奉诏，入内廷主持绘制《康熙南巡图》，历时三年始成，共有纸本、绢本各十二卷。《南巡图》卷成，康熙皇帝颇为满意，受到高度赞誉，王翚声名更是远播海内，视其为"画坛正脉"。

王原祁（1642—1715），王时敏之孙，幼时深受祖父绘画的浸染与精心指导，笔墨长于摹古，精擅山水。与其祖父不仕新朝不同，他是康熙九年（1670）的进士，因精擅书画而被召至内廷，任书画总裁，官至户部侍郎。王原祁绘画深得家传，其习画之路径不脱其祖父所倡导的摹古、复古之法，也以追摹董源、巨然、"元四家"为主。王原祁虽认同摹古对于绘画的重要性，如其曾言"画不师古，如夜行无烛"，但其更主张在摹古之后的笔墨"变法"，即能融己意，最终创造出其独特的"金刚杵"笔墨之法。从其学画者众多，其被称为"娄东派"之开宗。

朱耷《荷石水鸟图》

图绘荷叶下一只水鸟栖于孤石上。水鸟单足独立石上，神态凄凉，它似在假寐休憩，又似在冷眼观望，深陷忧思不能自拔。观者一看此画，冲击感十分强烈，不觉然间一种孤寂凄凉的心境便会油然而生。

这一时期,在江南地区形成以"四僧"(髡残、弘仁、朱耷、石涛)为代表的反正统派。"四僧"皆富有个性,其画风与号称"画坛正脉"的"四王"截然不同。四人中,朱耷(1624—1705)与石涛(1642—约1718)为明朝皇族后裔,弘仁(1610—1663)与髡残(1612—约1672)也为明遗民,入清之后,他们对于满人新政权怀有恨意,均遁隐佛门。在修禅弘佛之余,他们经常借笔墨绘画抒写心中抑郁、愤懑之怀,画中"剩山残水"多寄托他们对故国——明王朝的忧思与眷恋之情。

朱耷山水画风格夸张奇崛、古拙荒率,花鸟虫鱼多融入其个人意识,其简洁精练的笔触之下,禽鸟鱼虫等物象均具有了人格化意象,如"白眼向人"的寒鸦,隐约中透露出冷寂孤僻、荒率凄凉之感,似是表达对现实社会的无奈之情。而其晚年以草书连缀书写的款署"八大山人"似乎是"哭之""笑之",寄寓着其对朝代鼎革、国祚易姓的痛楚,也似乎是对其人生苦闷的深深忧伤。同为明朝皇族后裔的石涛(明宗室靖江王朱赞仪第十世孙)也多绘山川荒寂、意境空旷之自然景象。但与朱耷不同,石涛并没有陷入对故国的哀思与痛楚之中,而是四处云游,"搜尽奇峰打草稿",倡议打破摹古的窠臼,"笔墨当随时代"和"借古以开今",强调以率意恣纵的笔墨挥洒自然。在"四王"所倡摹古之风日盛的

朱耷《芙蓉鸭图》

时代,石涛坚持"我自用我法",着实表现出其率性与坚毅的个性,也成为反正统派的旗手。

作为明遗民、僧人的弘仁（明亡后入武夷山为僧）与髡残（明亡前已经为僧），在修禅弘佛之余，将心力全部投入笔墨绘事。弘仁山水画多取景黄山、武夷山之自然景致，终因"得黄山之真性情"而成为"黄山画派"的代表画家。髡残在鼎革之际曾参加抗清斗争，抗清失败后辗转至南京牛首山幽栖寺继续为僧，经常云游山水间，潜心观察自然真趣，常以秃笔渴墨（干而不枯）表现意境苍莽、雄浑壮阔的自然景致。

髡残《层岩叠壑图》

图绘山峦叠壑、幽谷人家景致。山石以干笔皴擦出之，以浓墨点苔，干湿笔相生，气韵浑厚，构图丰满繁复，皴染浑厚绵密，设色温暖高古，意境幽邃高远。此图作于康熙二年（1663），髡残时年五十二岁。

弘仁《西岩松雪图》

图绘雪后山景一隅。山石用勾勒法;雪景"借地为白",略加渲染;树木以浓淡相间墨色渲染。雄伟的山峰、苍翠的松树、明亮的白雪,给观者一种静穆圣洁的美感。此画作于顺治十八年(1661),时年画家五十二岁。

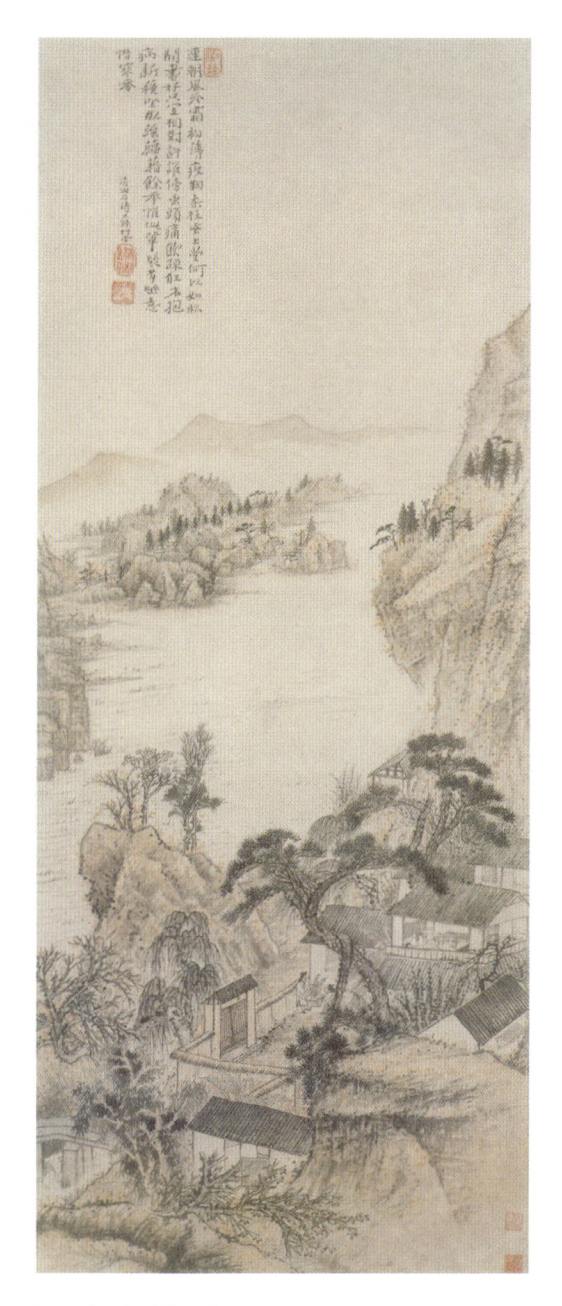

石涛《对菊图》

图绘山间庭院景致,院内梅竹互映,房舍错落有致,屋内一高士品观秋菊。画家以较为细腻的笔触,描绘了一幅高士离群索居的清幽图景。此类画风在石涛所存作品中十分少见,这让我们对以往认知中那个笔意恣纵、率意的"反传统旗手"有了新的认识。

此外，在明末清初的江南一带，还有以"金陵八家"为代表的一群艺术创新派。"金陵八家"以龚贤为首，包括樊圻、高岑、邹喆、吴宏、叶欣、胡慥和谢荪，他们面对朝代更迭均做出了不仕新朝、隐逸山林、寄情于绘事的选择。在艺术风格方面，他们不从时流，经常相互讨论绘事，参加绘事活动，相互置评、砥砺。在摹古之风盛行之下，各家个性虽迥异，但均主张摒弃门户之见，兼收并蓄，力求突破陈规而有创新。如作为"金陵八家"之首的龚贤，在实践中融汇宋元诸家的笔墨之法后，创造出适合表现"烟雨欲滴""掩映变幻""苍茫氤氲"的江南景致的"积墨法"。"金陵八家"所创作的山水画大多取材于南京一带气象万千的自然风光，被认为是清初画坛"重丘壑"一派。

邹喆《山水图》（局部）

邹喆在山水绘画上主张师法自然，经常以平实的笔触绘写身边真实的自然景致。此图以平原构图，布局平稳开阔，绘写了南京一带松林、古塔等景致，给人一种真实、真切的观感。

龚贤 《临董北苑山水图》

此图是画家仿"董北苑",即五代时南唐著名山水画家董源山水图而成。画幅以高远构图,笔势苍茫。画家以墨的深浅浓淡和笔的横点排比,来表现烟云变幻、风雨微茫的景象。整幅作品给人一种气韵苍茫、亦幻亦真的迷蒙感。

高岑《万山苍翠图》

画家以高远构图法,绘写山水一隅"万山苍翠"的景致。山势高耸雄奇,林木苍翠茂密,古寺、楼阁、村舍掩映其中,老者拽杖过桥,农夫劳动田间,描绘了一幅富有生活气息的郊野景致。

清代中期，由于社会经济的繁盛和清朝皇帝对书画艺术之偏爱，宫廷绘画异彩纷呈。郎世宁等西方传教士进入宫廷，为皇家宫廷艺术服务，他们将欧洲绘画技法焦点透视画法介绍到中国，创出中西合璧的新绘画格体，中国传统绘画进入新视界。在扬州，逐渐形成以金农、郑燮为代表的"扬州八怪"画派，力主创新，不拘一格；清代晚期，绘画以活跃于上海地区的"海上画派"和活跃于广东地区的"岭南画派"为主。

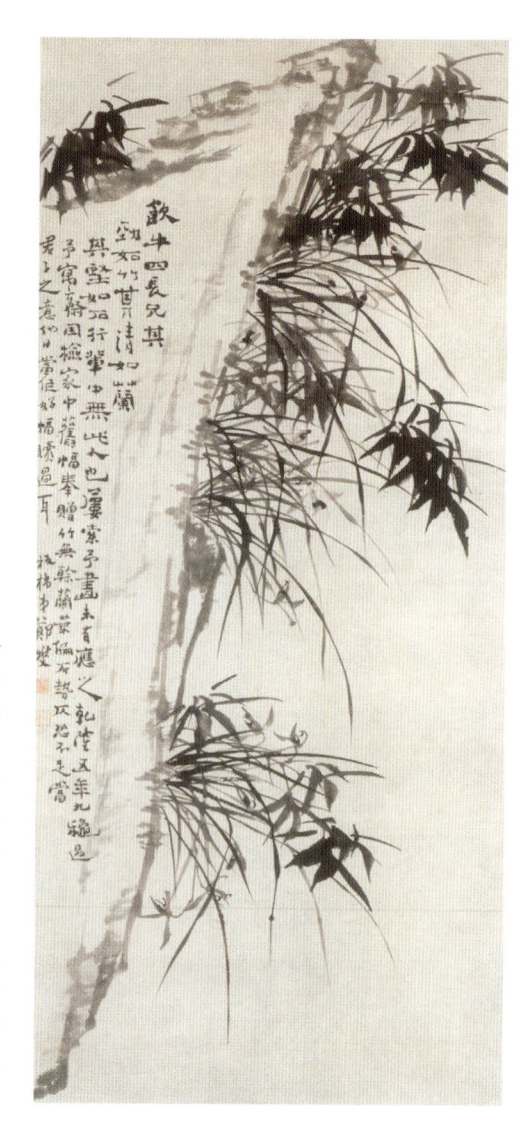

郑燮《竹兰石图》

郑燮画竹、兰，情态各异，但皆能给人以美的感受。图绘在几乎不敷一土的悬崖峭壁上，自上而下长满兰竹，郁郁葱葱，生机盎然。画家用笔率意，在皴擦点染间，已经将兰竹的高洁品质展现得淋漓尽致。艳丽而不浓腻的敷色，将花儿描绘得栩栩如生、光彩奕奕，在写实的基础上又不失清逸雅秀之趣。

鸦片战争之后,清廷被迫大开海禁,海上贸易渐盛,沿海各地"贸易之盛无过上海一隅",上海跃升为中国第一大商埠,以"砚田"为生的各地书画家们纷纷侨居上海,以卖画为生,画家风格各异,多能破陈出新,又注意借鉴和吸收外来艺术特点,形成雅俗共赏的新面貌。主要代表人物有赵之谦、虚谷、"四任"(任熊、任薰、任颐、任预)、吴昌硕等。清末民初,在广东地区形成以高剑父、高奇峰兄弟及陈树人为代表的岭南画派,他们受东洋绘画的影响,在传统绘画基础上吸收外来的明暗晕染和焦点透视等技法,注重师法自然,寄奇趣于笔墨之外,创出了写生山水类风景画。其画风奇崛,雄健有力,画面清新,富有诗意。"海上画派"和"岭南画派"在近代中国具有的影响力,涌现出大批的画家和作品,影响了近现代的绘画创作。

赵之谦《花卉图册》之二

赵之谦为"海上画派"代表性画家,以花卉见长。此图以没骨、双钩法绘写一簇花卉,栩栩如生,敷色艳丽而不浓腻,清劲秀逸,富丽典雅。

任颐 《牡丹双鸡图》

生活中常见的家禽等是"海上画派"创作中最钟情的题材之一。任颐为"海上画派"代表性画家，其以鸡为题材的画作众多。此图绘庭院一角，俏皮的鸡将自己的窝搭在了牡丹枝丫之间，雄雌两只鸡信步其间，神态自然，颇为传神。这类富有生活气息，可谓雅俗共赏之作，受到当时市民阶层的喜爱。

不断求变的书法艺术

中国书法艺术源远流长，每一时代对书法之追求，都有其侧重。从先秦甲骨钟鼎、秦篆汉隶到魏晋古韵，从盛唐雄风、宋书尚意到元明复古风。迨至清代，已形成千枝竞秀、千姿百态的绚烂风貌。

整体而言，有清一代书法艺术经历了一场巨大的蜕变，经历了从帖学向碑学的转变，最终在碑学上大放异彩。清前期以帖学为主，中期以帖碑融合为主，晚期碑学隆盛。康有为《广艺舟双楫》总结清代书法演变过程时说："国朝书法有四变：康雍之世，专仿香光（董其昌）；乾隆之代，竞讲子昂（赵孟頫）；率更贵盛于嘉道之间；北碑萌芽于咸同之际。"大抵如此。当然，一时代之书风当与其时政治、经济、文化与社会发展有关。

清初，全国的统一战争还在持续，统治者无暇、无力顾及文化艺术方面的建设。此时，书法上主要承袭晚明行草之风，以王铎、傅山、朱耷等遗民为代表，他们借用诡谲、狂放、舒畅的行草书法风格抒发国破之愤恨，表达与异民族统治的不合作。王铎（1592—1652），字觉斯，号嵩樵、烟潭渔叟、痴仙道人等，孟津（今河南省洛阳市孟津县）人。明天启二年（1622）进士，曾任礼部尚书。其行草出于晋唐，尤得力于《淳化阁帖》，但又不拘泥古法，常能融入己意有所创新。其行草作品章法极具特色，或紧结蹙缩，或纵逸跌宕；风格雄健险峻，出于法度之外；笔势不以势重，"以力为主，淋漓满志"，信笔挥洒，极具自然之态；极具夸张的连绵线条婉若游龙跃然纸上，有气贯长虹之势，直抒胸中逸气，给观者一种目眩神驰、内心澎湃之感，开创出行草书的一种新境界。

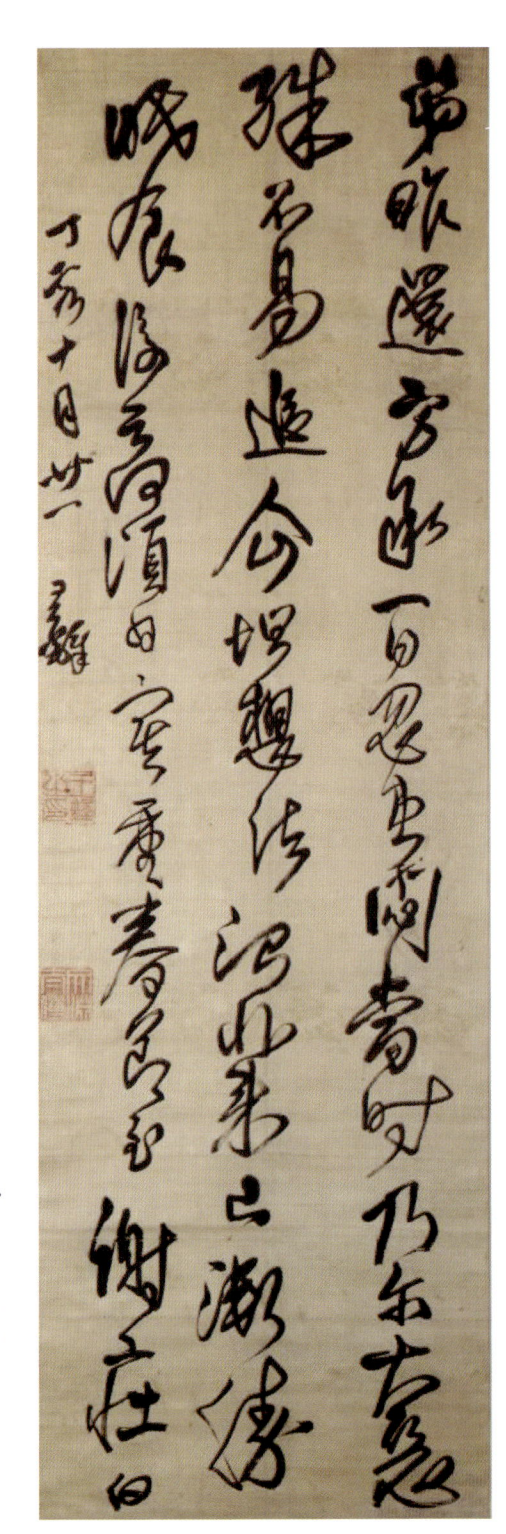

王铎《草书节临谢庄帖》

此书轴系王铎节临南朝宋谢庄书帖（原帖入《淳化阁帖》）内容，时在清顺治四年（1647），为书家晚年书作。纵观此书迹，笔法纵逸流畅，挥洒自如，风格雄健险峻，颇具苍郁雄畅之风。

傅山《草书节录诗文》

此书轴系傅山草书节录隋朝权臣杨素《山斋独坐赠薛内史》诗文。纵观整幅作品，用笔雄奇恣纵，挥洒自如，笔力雄浑劲健，墨气纵逸酣畅，充分展现了傅山率真奇崛的艺术个性，系晚年力作。

傅山（1607—1684），字青主，号朱衣道人等，阳曲（今山西太原）人。明亡后隐居不仕，以行医为生，精擅妇科病。清康熙十七年（1678），清廷举"博学鸿词科"，地方官员将其强行送至京师应征，以死抗拒，最终放弃。傅山书法诸体皆妙，但尤以行草最为擅长，最具特色，其作品笔力雄奇恣肆，结体雄奇宏逸，多有纵横开阖的气势。晚年追求生拙真率的书风，曾提出所谓"宁拙毋巧，宁丑毋媚，宁支离毋轻滑，宁率真毋安排"（《作字示儿孙》）的书学理论。清代赵彦偁曾评价傅山曰："青主笔力雄奇宏逸，咄咄逼人。余尝谓顺康间名书以王孟津（王铎）为第一，今览青主书，庶可为配，且欲过之。"

　　朱耷为明朝宁王朱权九世孙，曾受封江西南昌。满人入关后削发为僧，法名传綮，号个山、人屋、八大山人等。其书法宗"二王"、颜真卿，书风怪谲奇特，以草书融入篆书笔法，作品常以奇特夸张示人，自成一格。"八大山人"是朱耷晚年书画作品中使用密度最高的款署名。"八大山人"四字以草书连缀，其形似"哭之""笑之"，后人解读为朱耷以此来表达对自己戏剧化命运的无奈之情，寄寓其对朝代鼎革、国祚易姓的痛楚，也似乎有对人生苦闷的深深忧伤。

　　"正书法者，所以正人心也；正人心者，所以闲圣道也。"康熙皇帝深受此观念之影响，十分重视书法与王道之间的关系，也十分重视自身的书法学习。康熙皇帝自幼受翰林沈荃的影响，酷爱董书，视董书为圭臬，竭力追摹，即帝位后曾要求将董其昌"海内真迹，搜访殆尽"，用以自己与朝臣观摩临写。康熙皇帝曾评董其昌书曰："天姿迥异，其高秀圆润之致，流行于楮墨间，非诸家所能及也。每于若不经意处，丰神独绝，如微云卷舒，清风飘拂，尤得天然之趣。"（康熙皇帝《御制书画跋·跋董其昌墨迹后》）"上之所好，下必甚焉"，经康熙皇帝力推，董其昌书法成为其时书坛主流。

　　至乾隆时期，乾隆皇帝尊崇元代书法家赵孟頫书风，一时间赵书风行天下。这一时期，随着社会的发展与经济的兴盛，乾隆皇帝希望寻求一种新书风以表达新气象，于是渐次形成"香光告退，子昂代起"（见马宗霍《书林藻鉴》）的局面。乾隆皇帝收藏书法名作以"三希堂"所贮东晋王羲之《快雪时晴帖》、王献之《中秋帖》和王珣《伯远帖》三件最为著名。除著名的三帖之外，乾隆皇帝还命人择选魏晋至明末书法家一百三十五人的名迹刻石，共辑录三十二册，是为《三希堂法帖》。经统计，其中赵孟頫书帖独占五册，董其昌书帖占四册，二人所占比重显而易见。长期受董、赵二书法之浸淫，书法逐渐形成"馆阁体"，即一种方正、光洁、乌黑、大小一律的官场书体。馆阁体以翁方纲、刘墉、梁同书、王文治四人为代表，时称"翁刘梁王"，即后世所称的"清四家"（另一说为翁、刘、成亲王永瑆、铁保）。其中刘墉因喜用浓墨，又有"浓墨宰相"之称；王文治则因喜用淡墨，又有"淡墨探花"之称，皆反映出其书法成就之高。

同一时期，以郑燮、金农为代表的"扬州八怪"突破传统书风，勇于求新。金农（1687—1764）自出机纾，在楷隶间以方整宽阔笔作横、细劲笔作竖，独创造型新颖奇古的"漆书"，极具金石味，为时人所推重。郑燮曾作《赠金农》诗，曰："乱发团成字，深山凿出诗。不须论骨髓，谁得学其皮。"（《板桥诗钞》）郑燮以隶书体参入行、楷，创造出别有韵致的"六分半"书体（又称"乱石铺街体"），用笔、结体、布局上均别出心裁。

这一时期，随着文字狱频出，文人们走向故纸堆，开启考据训诂之学。朴学的兴起，引发了书法变革。文人书家们开始将注意力转到金文、篆隶和北碑等文字造型之上，重新发现了汉魏、北朝书法的艺术价值，碑学开始萌芽。迨至嘉道时期，碑学日渐隆盛。代表性书家有邓石如、伊秉绶等。邓石如（1743—1805）以篆、隶为最精，颇得秦汉篆、隶古法，兼融各家之长，形成独特风格，对清后期书风影响甚大。李兆洛曾评价其书时曰："真气弥满，楷则俱备，其手之所运，心之所追，绝去时俗，同符古初，津梁后生，一代宗仰。"伊秉绶（1753—1815）亦尤以擅书隶书而名于时，其以篆笔作隶，高古博大，墨沉笔实，凝重而有韵致，金石之气盎然，位列"乾嘉八隶"之首，与邓石如合称"南伊北邓"。

嘉道以降，经阮元、包世臣等倡兴碑学，碑学已经成为书坛主流。代表性书家以何绍基、赵之谦、康有为等为主。何绍基（1799—1873），道光十六年（1836）进士，先后任福建、贵州、广东乡试考官，四川学政。其书法致力于秦汉篆籀及六朝碑版，意趣高古，自成一家。作为"海派"书画先驱之一的赵之谦，其书初学颜真卿，后专意于北碑（又称"魏碑"），能融入己意，遂自成一家。时人评曰："其（赵之谦）书姿态百出，亦为时所推重，实乃邓派之三变也。"所以今人有言：赵之谦继邓石如、何绍基之后，开创了碑学书法的新风格。

今人曾言，晚清书法，当以康有为为殿军。康有为在书法上继承包世臣碑学要义，力倡北碑。嘉道时期名臣、书法家包世臣曾撰《艺舟双楫》，提出"扬碑抑帖"之说，惜阐发太少。光绪十五年（1889），康有为编成《广艺舟双楫》一书，全面系统地总结碑学，提出"尊碑"之说，大力推崇汉魏六朝碑学。此书对碑学书法兴盛影响极其深远。

异彩纷呈的戏曲艺术

中国戏曲源远流长，始自何时，不得详考，大抵始自先民以巫觋歌舞祭神诸类。秦汉间，百戏、角抵诸戏渐兴。隋唐时代，戏曲发展已呈现出流派杂陈之象，并融入域外之内容与表演形式。宋金时代以杂剧流行于市井之间。在此基础之上，元代融合说唱、舞蹈等艺术形式，完善戏曲表演形态，亦称"北曲"或"北杂剧"。元代杂剧名家辈出、名作纷呈，如关汉卿《窦娥冤》、王实甫《西厢记》、纪君祥《赵氏孤儿》等。明代传奇、杂剧并行于世，名著层出不穷，汤显祖《牡丹亭》更是高峰之作。此一时期，民间戏曲发展繁荣，官宦蓄养戏班成为时尚，每逢庙会或祭祀亦以戏曲酬神娱人。民间戏曲种类层出不穷，弋阳腔、余姚腔、海盐腔、昆山腔相继兴起。

清代是中国传统戏曲发展的繁荣时期，并呈现出多元特征。明清易代，造就了隐逸山林的遗民群体，他们利用戏曲抒写内心隐衷，寄托对故国的追思。此类者有傅山、吴伟业、丁耀亢、尤侗等人，此中不乏博学硕儒。他们借历史题材创作戏曲，以古寓今，抒发心中愤懑。如吴伟业《秣陵春》、丁耀亢《西湖扇》《表忠记》、尤侗《钧天乐》等。除遗民类外，清初戏曲创作还有以李玉为代表的苏州派和以李渔为代表的娱乐派，前者关注政治与生活日常，追求真实性和时效性；后者多钟情于才子佳人型风情喜剧，颇为流行。李玉一生创作传奇三十余种，为当时剧作者创作之最，入清后作品以《千忠戮》（又名《千钟禄》）、《清忠谱》等最为著名；李渔创作传奇十余种，如《奈何天》《比目鱼》《凰求凤》等，收入《笠翁十种曲》。

康熙年间，戏曲创作以洪昇的《长生殿》与孔尚任的《桃花扇》最为著名，《长生殿》借写帝妃情爱，寓惩谏之至意，《桃花扇》则"借男女之离合，写家国之兴亡"。《长生殿》与《桃花扇》代表了清代戏曲的最高艺术成就，树立起两座戏曲丰碑，促进了清代中后期戏曲的繁荣。两位剧作家因此有"南洪北孔"之誉。

| 孔尚任像

宣扬忠孝廉节之伦理道德,彰显戏曲社会教化功能是清代戏曲的特征。清中期,清帝国国力鼎盛,经济富庶,文化繁荣,在经世致用的实学思潮的影响下,戏曲家开始重视戏曲的教化功能,舞台表演愈加受到重视,大量传统剧目的折子戏逐渐盛行。

戏剧图册《昭关》

如意馆绘。《昭关》也称《招关记》,又名《复仇记》,明代孙柚作,演春秋时期吴、楚相争时伍员的故事。

乾嘉时期是清宫演剧繁盛的顶峰，优伶人数最多，戏本创作精良，演出场面频仍，并大兴土木，耗费巨资建造演出戏台，今存者有紫禁城内畅音阁、漱芳斋、倦勤斋等处戏台，承德避暑山庄行宫清音阁等戏台。透过这些建造精美、豪奢的戏台，足以想见其时宫廷演剧之盛景。

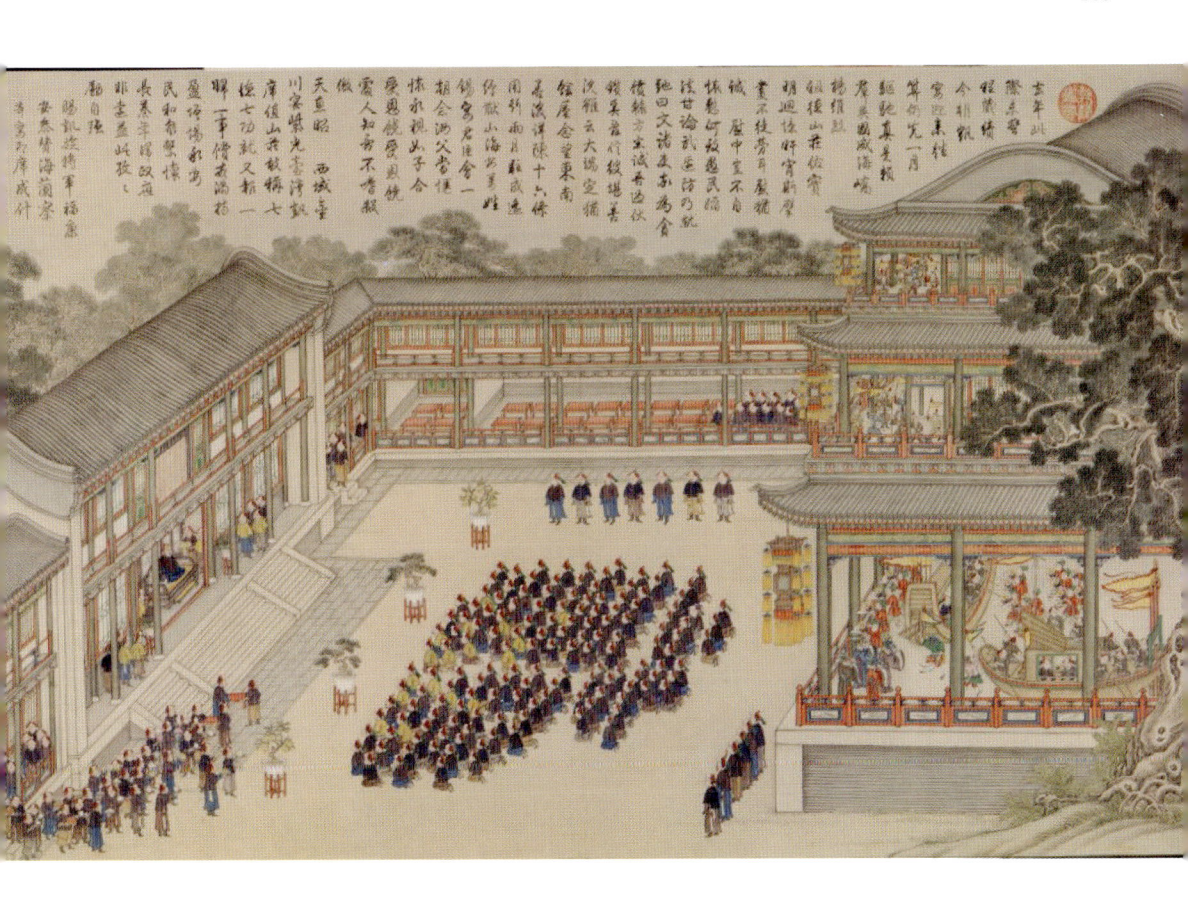

《平定台湾战图》之"清音阁演戏图"

此图描绘的是平定台湾林爽文起义后，乾隆皇帝在承德避暑山庄福寿园犒劳凯旋将士、园内清音阁戏楼演戏的场面。

黄妆花缎云金龙纹男蟒

蟒袍是戏曲中最庄重之服,是帝王将相礼服。蟒袍分男蟒女蟒,纹饰有团龙、正龙、行龙,行龙下有海水江崖。

清代中叶以降,杂剧、传奇等类戏曲虽在创作上呈现出数量巨大的繁荣态势,但由于多为"案头本",缺乏舞台表演,故而呈现出衰落之势。以民间歌舞发展而成的地方小戏,如花灯戏、花鼓戏、采茶戏、秧歌戏、彩调戏等如雨后春笋般兴起。京腔、秦腔、弋阳腔、梆子腔、二黄腔等蓬勃发展。徽班进京,经与昆曲、京腔、楚调等多种戏曲的交流与融汇,形成独特的京城表演艺术风格,被称为"京都之戏"或"京戏",并迅速传布,成为全国性的新剧种,此即现今仍旧流行于世、经久不衰的京剧艺术。

《福禄天长》（总本）

　　清代宫廷戏曲发展日益繁荣，管理日趋完善。清代宫廷戏曲管理可分为三个时期，即教坊司时期、南府时期和升平署时期，贯穿整个清代历史。宫廷戏曲表演主要分为仪典戏和观赏戏两大类。仪典戏主要有万寿戏、节令戏、喜庆戏等。万寿戏是指在皇帝或皇太后万寿节上演的剧目，如皇帝万寿演剧有《福禄寿》《寿庆万年》《群仙祝寿》《百福骈臻》等，皇太后万寿演剧有《龙凤呈祥》《天人普庆》等。节令戏非常众多，如四月初八日浴佛节承应演出《六祖讲经》等，端午节《采药降魔》《奉敕除妖》等，七夕《七襄报章》《银河鹊渡》等，七月十五日中元节《佛旨度魔》《迓福迎祥》等。此外，还有大量的观赏戏，不胜枚举。

文言小说的集大成时代

中国古代文言小说之发展大络，不脱离魏晋志怪小说、唐宋传奇、宋元话本、明代章回体小说之系统。清代小说继承历代各体小说之优，大放异彩，涌现出了诸如蒲松龄的《聊斋志异》、吴敬梓的《儒林外史》、曹雪芹的《红楼梦》等名作。毫不夸张地讲，清代是古代文言小说（也是白话小说）的创作高峰时代，也是一个集大成的时代。

蒲松龄的《聊斋志异》被认为是中国古代文言小说之集大成。是书以传统文言小说志怪传奇的形式和手法，将人们想象世界中的鬼狐仙怪人格化，完成人与妖在现实世界与精神世界的融合，为人们展示了一个充满花妖狐魅的奇特世界。作者之目的，意在借妖之言行，道人间之悲情。

明崇祯十三年（清崇德五年，1640），蒲松龄出生在山东淄川（今淄博市淄川区）一个没落的蒙古族小商人家庭。在其出生四年之后，李自成率领农民军攻入北京城，末代皇帝崇祯帝无奈中在景山自缢身亡，明朝统治宣告结束。明清更迭，在新朝的政治秩序中，科举仍旧是士人进阶的唯一通道。少年时的蒲松龄一直苦攻经史子传，也梦想着自己能够通过科举之途而光耀门楣，实现自己修身治国齐天下的人生理想。十九岁时，蒲松龄以县、府、道三试第一的成绩中秀才，似乎开启了科举进士的大门。然而此后二十余年，蒲松龄每次乡试皆屡屡铩羽，终困场屋。"潦倒年年愧不才"，仕途无门，为谋求生计，蒲松龄只好一边设馆教书，一边进行小说创作。

一时代之文学小说，必能反映一时代之社会。蒲松龄所处的时代正是历史上所谓"康乾盛世"的初期，转型期的社会矛盾呈现出纷繁复杂的态势。科举失利的蒲松龄通过塑造众多性格鲜明的人物形象和离奇的人与妖之间的故事，在搜集的街谈巷议的故事中加入自己的人生体验与认知，以谈狐说鬼的形式来揭露"盛世"的吏治腐败、抨击摧残士人的科举制度之弊端及污浊的世道，以抒发自己"孤愤"之情。如《席方平》《促织》《续黄粱》《红玉》等篇批判官绅的残暴与冷漠；《贾奉雄》《司文郎》《叶生》《饿鬼》《于去恶》《考弊司》诸篇对科举学官、教谕等腐败的批判。

《聊斋图说》系据蒲松龄《聊斋志异》所讲内容改绘而成，共计四十八册（佚失两册），藏于中国国家博物馆。该图册采用折叠式装裱，上下木夹板，封面、封底均裱以织锦。右上题签"聊斋图说"，其下小字楷书每册的次第编号。图册故事篇目四百二十个，皆取自《聊斋志异》所述故事，绘图七百二十五幅，每故事图数不一，或一两幅，多者达五幅。右半开绘图，左半开文字分上下，上为编绘者所题七言诗，下部楷书略述故事梗概。《聊斋图说》原藏于清宫，光绪二十六年（1900），八国联军侵华，北京城破后被沙俄掠走。1958年4月19日，苏联对外文化联络委员会将其归还中国，1959年入藏中国历史博物馆（今中国国家博物馆前身）。《聊斋图说》对《聊斋志异》狐仙鬼魅之故事进行再阐释，并配以生动的图像，使其图文并茂，是一件难得的艺术珍品。

《聊斋图说》之"考弊司"

《考弊司》讲述了一个发生在阴曹地府的科场故事，讽刺了科场"潜规则"，表达了对现实世界读书人命运的同情。

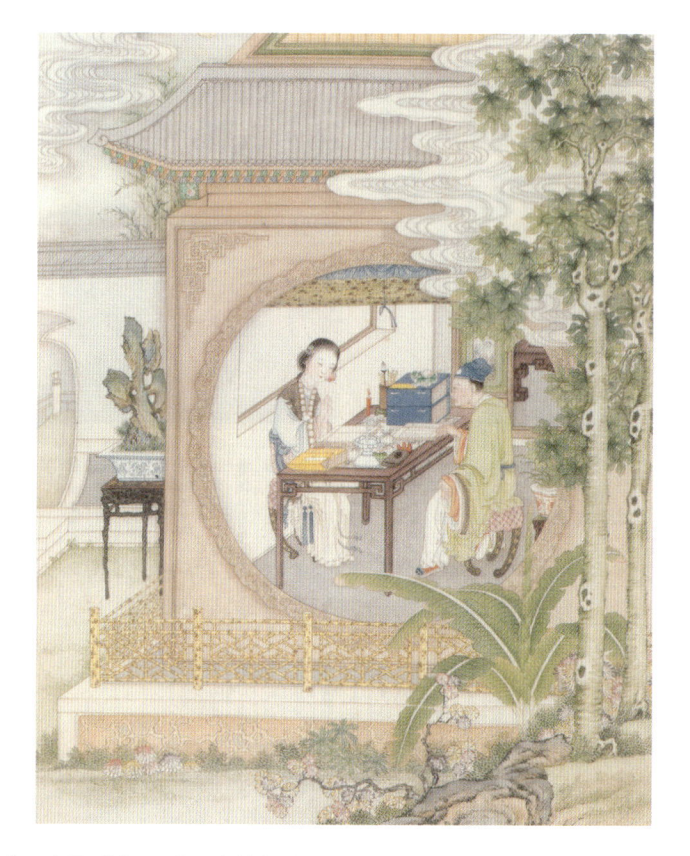

《聊斋图说》之"聂小倩与宁采臣就烛诵经"

> 《聂小倩》写的是一个人鬼相恋的故事,意在讽刺封建礼教和世俗伦理对女性的束缚与禁锢。

  《红楼梦》大约成书于清雍正、乾隆时期,被认为是中国现实主义古典文学的巅峰之作。学界一般认为,《红楼梦》前八十回的作者是曹雪芹,原名为《石头记》,后四十回为同时代的文人高鹗续写。乾隆五十六年(1791),程伟元、高鹗合力完成对《红楼梦》前后一百二十回的整理与补缀,以活字版排印,并更以《红楼梦》之名发行。这就是流行至今的一百二十回本《红楼梦》。由于续写者的水准远不如曹雪芹,学者普遍持有这样的观点:曹雪芹所著前八十回,在思想性、文学性及形象塑造上都要远胜高鹗后续四十回。所以当人们提及《红楼梦》的作者时,首先想到的便是曹雪芹。

曹雪芹（1724—1764），名霑，字梦阮，号雪芹，祖籍河北丰润（一说辽阳），内务府汉军正白旗（原属镶白旗）包衣。自曾祖辈曹玺起，三代出任江宁织造官，创造了曹氏家族在清初长达六十余年的显赫家族史。江宁织造是清代"江南三织造"之一（另外两个分别为杭州织造、苏州织造），专门负责督造"上用""官用"绸缎等皇家服饰用品的制作。康熙二年至二十三年（1663—1684），曾祖父曹玺任江宁织造；康熙二十九年至五十一年（1690—1712），祖父曹寅（1658—1712）任江宁织造；康熙五十二年至五十四年（1713—1715），其叔曹颙于出任江宁织造。康熙五十四年正月，曹雪芹之父曹頫（曹寅之侄、继子）出任江宁织造，雍正五年（1727）十二月，因亏空"上用、官用缎纱并户部缎匹等项银三万一千余两"而被解职抄家。自此后，曹氏家族开始日渐没落。

父亲因事被革职抄家，雍正六年（1728），十几岁的曹雪芹随家人由南京移居北京，开始了穷困潦倒的悲凉生活。晚年，家道已经完全没落的曹雪芹从崇文门迁移至北京西郊一带，潜心写作。在"举家食粥酒常赊"的艰难窘境中，曹雪芹坚持写作十年，批阅增删五次，终成《石头记》。此正所谓"十年辛苦不寻常"且"书未成，泪尽而逝"。

《红楼梦》以贾宝玉和林黛玉的爱情悲剧及贾、史、王、薛四大家族的兴衰为线索，展示了封建上层社会中各种错综复杂的关系和矛盾，揭露出封建贵族内部的荒淫与腐败。曹雪芹塑造男主人公贾宝玉这一叛逆的艺术形象，意在反封建正统礼教，呼唤人性自由；以贾宝玉、林黛玉之间冲破种种礼教约束，追求纯真爱情的情节，呼唤婚姻与精神自由；"女儿是水做的骨肉，男人是泥做的骨肉"，道出了封建时代男尊女卑旧秩序，其实质是对男权社会的批判。在所谓康雍乾盛世之中，当帝国官僚和文人们沉醉于赞咏盛世时，曹雪芹则用自己的笔揭示了封建社会的种种腐败与重重危机。随着社会危机的加深和"钟鸣鼎食"的四大家族也开始走向衰败，曾经大观园里一切繁华烟消云散，只留下无尽的叹息。

清人绘《大观园图》

此图描绘了大观园蘅芜苑、凸碧山庄、蓼风轩、凹晶馆和牡丹亭五处建筑和生活场景,共绘写人物一百七十三人,意在表现大观园中一派繁华的景象。

《红楼梦》被誉为中国古典小说的最后绝唱,在中国文学发展史上占有重要的地位。鲁迅先生在《中国小说的历史变迁》中讲,"自有《红楼梦》出来以后,传统的思想和写法都打破了"。当代红学大家周汝昌先生更是对《红楼梦》的文化意义有过至高的评价:

> 我们中国人的思想、感情、性格、观念(宇宙、人生、道德、伦理……)、思维、感受、生活(衣、食、住、行)、言谈、行动、交往、礼数、文采、智慧……无一不可从这部书中找到最好的(忠实、生动、魅力、精彩)写照,因此,曹雪芹和《红楼梦》是"一把进入中华文化之大门的钥匙"。

如今,以《红楼梦》和曹雪芹为研究对象的"红学",已经成为与敦煌学、简牍学、明清档案研究等相媲美的国际显学,《红楼梦》的学术价值与地位,于此可见。

结 语

清朝，是一个由僻居东北一隅的满族入主中原所建立的全国性统一政权。关于清朝的国家性质，学术界一直以来有着不同的认识。有观点认为，清朝与历史上"五胡"建立的十六国政权（301—460）、鲜卑人建立的北朝（386—581）、女真人建立的金朝（1127—1234）、蒙古人建立的元朝（1271—1368）一样，是北方少数民族入主中原建立的"征服王朝"；亦有学者认为，清朝与金朝、元朝一样，属于北方少数民族建立的"部族政权"国家；近年来兴起的美国"新清史"（New Qing History）研究群体则认为，由满洲族群为主体建立的清朝国家，不是"一个中国的"普通王朝，而是"一个内亚"的帝国。中国学术界普遍的观点则认为，清朝与金朝、元朝一样，属于中华民族中原王朝的政治统序，是中国古代历史上最后一个统一王朝。

有清一代，自满人入关昭告天下起至辛亥革命推翻其统治，历十朝、十位皇帝，凡二百六十八年。尽管有着诸多被后人诟病

的地方，如"民族革命"的强制性（剃发易服，"留头不留发，留发不留头"）；"扬州十日""嘉定三屠"的残酷性；"圈地投充"以保障满洲统治者的奢靡生活和八旗旗人生计，让大量汉人流离失所，沦为满人的"家奴"；在国家政权结构中虽标榜"满汉一体"实则"首崇满洲"的虚伪性。此外，滥行"文字狱"打击汉民族知识分子、实行民族隔离政策阻碍民族交往、闭关锁国贻误中国近代化的契机等等，都是满洲统治者治理国家政策上的弊病，而此种种皆成为清末民族革命者的"排满"的"口实"（同盟会的宗旨就是"驱除鞑虏，恢复中华"），导致对满人报复性的"民族革命"悲剧再次上演。

  然而对于历史，我们需要用历史主义的态度来客观评价。不可否认的是，统一的清朝留给我们诸多不可估量的历史文化遗产。明清鼎革，迅速完成了从明末农民起义到清王朝的国家统一，避免了中国历史陷入长时间的分裂割据、互相杀伐局面的可能，并最终建立起统一的多民族国家。康熙、雍正、乾隆三代帝王因地制宜，在边疆地区实行多元统治措施，如在新疆实行以军府制度为主（统摄天山南北），以伯克制度（天山以南）、盟旗制度、郡县制度（乌鲁木齐以东）为辅的多元制度；在西藏实行以驻藏大臣制度，用"金瓶掣签"制度将达赖喇嘛和班禅册封权收归中央政府；在西南适时实行"改土归流"政策，将土司的地方治理权收归中央，这些智慧型的制度措施加强了中央政府对边疆地区的统治力。边疆的稳定，造就了清朝幅员辽阔的疆域。至乾隆中期时，清朝疆域"东极三姓所属库页岛，西极新疆疏勒，至于葱岭，北极外兴安岭，南极广东琼州之崖山"。这一时期的疆域也是今日中国疆域的统治基础，毫无疑问，清朝为中国统一多民族国家的巩固与发展做出了巨大贡献。清代前中期，历朝帝王稽古右文，搜求、整理汉文化典籍，《古今图书集成》《四库全书》《全唐文》等的整理出版，都对中国古代传统经典的保存具有重要的意义（当然，在此过程中对传统文献典籍禁毁的罪恶不容否认）。此外，有清一代是中国古代文化、艺术继承与发展的集大成时代，书法、绘画、文学、戏曲等在清朝都得到整理、继承与发展。

清代历史内容宏阔丰富，远非此书所能囊括。本书选取清代历史（主要集中在十九世纪中叶前）中重要的历史事实，分制度、人物、政治、军事、经济、生活、边疆、外交、文化等篇章分别加以阐释，并以典型历史文物作证。读者虽不能通过此书尽观清代历史的全貌，但能对清代历史中重要的制度、人物、事件等有大概之了解。